冷蔵庫で作りおきパン いつでも焼きたて

吉永麻衣子

作りおきのパターンは**2**つ

1 **大きな生地**で保存し、当日に成形してから焼く

2 前日までに生地を**成形して**保存、当日にそのまま焼く

ライフスタイルに合わせて、お好きなパターンを選んでください。
（Part1 から Part2 のパンは、上記どちらのパターンでも作ることができます）

はじめに

**パンはお店で買うものと思っているかたに、
おうちでも、簡単にとびっきりおいしいパンが作れることを
知ってほしいのです**

忙しいママでも毎日焼けるくらい簡単、かつおいしいパンというテーマを掲げてレシピを作り出して3年ほどになります。

それまではパン教室に通ったり、自分で勉強したり。いつの間にか頭でっかちに。「パン教室はこうでなくてはならない」「パン作りはこうでなくてはならない」となんだかいろいろ自分にルールを決めて、かってに苦しくなっていたように思います。
一人目の子が生まれ、二人目が生まれたときには、理想のパン作りどころか毎日の食事作りもままならず、イライラッ！としていたことが多かったかもしれません。

そんななか、ある先輩パン講師のかたに、「今のあなただからこそ焼けるパンを無理なく伝えていけばいいんじゃない？」と言われたのです。なんだかふっと肩の力が抜けたような、やるべきことが見つかったような感覚があり、そこからいろいろ試作がスタートしました。

パン作りというといろいろな工程があるのですが、極力工程をそぎ落とし、材料も少なく安心なもの、でもスーパーで手に入りやすいものと決めて、レシピを作ってきました。「スティックパン」や「ドデカパン」をトースターで焼き始めたのはこのころです。

手軽だからと使ってみた、オーブントースター。家庭用の電気オーブンで焼くよりもおいしく焼けたときの衝撃は忘れられません。そのあとフライパンで焼く「丸パン」なども教室の人気パンとなり、今ではとても多くのかたが焼いてくださっています。

**常備菜と同じ感覚で、
パン生地を冷蔵庫でストックする。
新しいパン作りのメソッドが「作りおきパン」です。**

さて、この本では、「スティックパン」や「ドデカパン」で培った、パン生地を冷蔵庫で発酵させて翌日焼くという方法を、さらに1歩進めてみました。
発酵した生地は、実は冷蔵庫で5日ほど日もちするのです。
イーストは少なめの、冷蔵庫の中でゆっくりゆっくり発酵するパン生地は、ゆっくりゆっくり熟成していきます。そんなパンの科学を、楽しく便利に利用しない手はありません！

常備菜を作って、冷蔵庫で作りおきするように、パン生地だって、作りおき！
名づけて「作りおきパン」です。

冷蔵庫に生地がストックしてあれば、食べたいときに焼いて楽しめます。家族の待ったなしのリクエストにもいつでもこたえられます！

焼き上がりのパンはかっこ悪くてもOK！
多くのかたに手作りのしあわせが届きますように。

2016年10月　　吉永麻衣子

はじめに……02

PART 1
平日ラクラク いつでも焼きたて!!
作りおきパン生活

作りおきパン・基本の作り方……08
- 作りおきパン・プレーン生地の材料……08
- 作りおきパン・大きな生地で5日保存コース……10
- 作りおきパン・分割・成形して3日保存コース……12
- 甘生地や全粒粉生地に油脂類を加える場合は……09
- 残った生地を保存容器に戻す場合……11

プレーン生地で平日の朝食 5 DAYS
- 1日目　丸パン……14
　　　　ワンプレートディッシュ……15
- 2日目　カラフル・スティックパン……16
- 3日目　切りっぱなしパンのサンドイッチ……17
- 4日目　ダブルチーズパン……18
- 5日目　マヨコーンチーズパン……19

甘生地でおやつの時間 3 DAYS
作りおきパン・甘生地の材料……20
- 1日目　チョコパン……20
　　　　ホットチョコ……21
- 2日目　シナモンロールパン……22
- 3日目　バタートップ……23

全粒粉生地で平日5日間 5 DAYS
作りおきパン・全粒粉生地の材料……24
- 1日目　スティックパン……24
　　　　トマト煮込みハンバーグ……25
- 2日目　ウインナロール……26
- 3日目　くるみ、ゴルゴンゾーラの丸パン……27
- 4日目　ラップサンド……28
- 5日目　ベーコンエピ……29

ベジ生地でヘルシーブレッド3日間 3 DAYS
作りおきパン・トマトのベジ生地の材料……30
- 1日目　トマトパン……30
　　　　野菜サラダ……31
- 2日目　トマトモッツァレラパン……32
- 3日目　トマトフォカッチャ……33

この本で使う、パンの主な材料……34

CONTENTS

PART 2
毎日作りおきパン
生地別ミニパンバリエ

プレーン生地で
- ブロックベーコン入りパン …… 36
- カレーパン …… 37
- 塩パン …… 38
- ごぼうとめんたいエピ …… 39
- ロングソーセージパン …… 40
- じゃこしそチーズロール …… 41

甘生地で
- メロンパン …… 42
- チョコクロ風 …… 44
- あんパン …… 44
- お絵かきパン …… 47
- マシュマロピザ …… 47
- アーモンドロール …… 48

全粒粉生地で
- オリーブパン …… 49
- ベーグル …… 51
- チーズベーグル …… 51
- ピタパン …… 52
- マロンクリームパン …… 53
- いちじくパン …… 54

ベジ生地で
- かぼちゃのクリームチーズパン …… 55
- チーズほうれんそうパン …… 56
- ほうれんそうのナン …… 57
- にんじん生地のサンドイッチ …… 58
- にんじんのパン …… 59
- ブルーベリーパン …… 60

初めて食べるパンは、ママの手作り！
親子でしあわせになるパンプロジェクト …… 61
- 手づかみ離乳食スティックパン …… 62
- 青のりパン、キャベツパン、
  バナナパン、きな粉パン …… 62

PART 3
毎日焼きたてパン
大きく焼く
デカパン
バリエーション

- ミニ食パン風 …… 65
- ちぎりパン …… 66
- ライオンのちぎりパン …… 69
- ジャムパン …… 70
- トマトとモッツァレラのピザ …… 71
- ツオップ …… 73
- フォカッチャ …… 74
- ミルクハース風 …… 75

この本で使う、パンの主な道具 …… 76

PART 4
作りおき生地で
おやつもおまかせ

- プレーンスコーン …… 78
- くるみメープルスコーン …… 80
- パセリのスコーン …… 81
- あんこのスコーン …… 82
- 抹茶とホワイトチョコのスコーン …… 83

- プレーンパンケーキ …… 85
- マカデミアナッツのパンケーキ …… 86
- バナナと豆乳のパンケーキ …… 87
- 厚焼きふわふわパンケーキ …… 88
- 米粉のパンケーキ …… 89

- ドーナツ …… 91
- ココアドーナツ …… 92
- あんドーナツ …… 93
- 焼きドーナツ …… 95

おわりに …… 95

PART 1

平日ラクラク
いつでも焼きたて!!
作りおきパン生活

作りおきのおそうざい感覚で、
パン生地を冷蔵庫に作りおく。

新しいパン作りの方法「作りおきパン」。
冷蔵庫にパン生地があれば、あとはいつでも焼くだけ！
パン作りがぐんとラクに、もっと楽しくなります。
週末や時間のあるときに生地を作れば、
好きなときに焼きたてパンが楽しめる！
パンが焼ける香ばしい香りが、家じゅうに広がって、
しあわせな気分になれます。

週末や時間のあるときに生地を作って

パン生地は全部で4種類
おやつ用の生地も作りおき

バリエーションは無限大！
今日は何を作ろうかな！

冷蔵庫で発酵させながら保存

「冷蔵庫を使った長時間発酵」だからできるパン生地の保存。1晩で生地は2倍程度にふくらみます。保存期間は3〜5日。生地はゆっくり熟成していきます。

オーブントースターで
人気のパンができた！

フライパンでもOK！

魚焼きグリルで
じょうずに焼ける！

ママ友の集まりや
おみやげに

生地が冷蔵庫にあれば、食べたいとき、焼くだけ！

牛乳パックの型で
「ちぎりパン」

焼きたてパンで
朝食を

手作りおやつパンで
お茶タイム

COLUMN

作りおきパンの生地は冷凍することもできます

冷凍の方法 発酵、分割・成形をすませた「焼くだけ」の状態のものを冷凍してください。この本の場合、大きな生地で5日保存の場合は冷蔵庫に1晩おいて分割・成形したものを冷凍、分割・成形して3日保存の場合は分割・成形して冷蔵庫に1晩おいたものを冷凍。
一度冷凍したあとは、くっつかないので、ファスナーつきポリ袋に入れてまとめて保存も可能。

冷凍した生地を焼くには

翌朝焼くときは、前の夜に冷蔵室に移して解凍します。今すぐ焼きたいというときは、電子レンジで30秒ほどあたためてから、普通に焼いてもOK。
解凍するときは、表面に水滴がついてベトベトすることがあるので、オーブンシートの上にのせると、べとつかずそのまま焼くことができます。また、スティックパンのような平らな生地は解凍の必要はなく、すぐにオーブンに入れて大丈夫。冷凍すると表面が多少かたくなりますが、じゅうぶんおいしく食べられます。

BASIC
作りおきパン・基本の作り方

作りおきパンは、「パン作り初めてさん」でもとっても簡単!
粉と水分をまぜたら、こねるのはたったの2分!
発酵は冷蔵庫におまかせなので、むずかしい発酵の温度管理も不要です。

前日

STEP 1

Aの材料をまぜる

大きいボウルに**A**をすべて入れ、ゴムべらでよくかきまぜる。

STEP 2

Bの材料をまぜる

小さいボウルに、まず液体の材料を合わせ、イーストを振り入れる。イーストが沈んだらOK。5分以上おくとイーストの元気がなくなってしまうので手早く。

作りおきパン・基本の材料

プレーン生地の材料
（こね上がり生地450g分）

- **A** ┌ 強力粉 …… 250g
  │ 塩 …… 4g
  └ 砂糖 …… 12g
- **B** ┌ 牛乳 …… 100g
  │ 水 …… 70g
  │ インスタント
  └ ドライイースト …… 3g

デジタルスケールで、それぞれの分量をきっちりはかる。慣れてきたらボウルに計量しながら直接入れても大丈夫。

甘生地や全粒粉生地に油脂類を加える場合は

こねた生地を丸め、バターまたはオリーブオイルをのせる。手で生地をギュッとつかみ、握りつぶすようにしてバターまたはオリーブオイルをもみ込んでいく。生地に光沢がなくなるまでくり返す。

※甘生地にはバター、全粒粉生地にはオリーブオイル。

STEP 3

A に B をまぜる

粉の材料に液体の材料を一気にすべて流し入れる。

ゴムべらでボウルの底からまぜる。粉っぽさがなくなればOK。

STEP 4

こねる

指先を使って、ボウルの中で生地をこねる。

ひとつにまとまってきたら、生地をのばして折りたたむという作業をくり返して、2分以上こねる。こねすぎても大丈夫。

生地がひとつにまとまればこね上がり。丸くまとめる。冷蔵庫で長時間発酵させるので、表面がデコボコの状態で大丈夫。

→ **大きな生地で 5日保存コース（p.10）へ**
（この本で紹介するほとんどのパンと、デカパン、おやつパンで可能です）

→ **分割・成形して 3日保存コース（p.12）へ**
（シンプルな丸パン、ミニパンなどがおすすめ。卵を使うものも3日保存コースが安心）

作りおきパン　**大きな生地で5日保存コース**（生地は使うときに分割）

生地ができたら、あとは生活スタイルに合わせて、2つの作りおきパターンがあります。
このコースは、こねた大きな生地のまま冷蔵庫で発酵させ、使うときに分割・成形して焼き上げます。
焼く前にひと手間ありますが、食べたいときに食べたいものが作れるのが魅力。
また、生地のまま保存するので、毎日丸め直せば冷蔵庫で5日保存可能です。

STEP 5　冷蔵庫に1晩おいて発酵

高さのある保存容器を用意し、生地がくっつかないよう内側に油（分量外）を薄く塗る。

発酵前。保存容器に、丸くまとめた生地を入れ、ふたをする。

発酵後。冷蔵庫で8時間以上ねかせる。1.5〜2倍にふくらんだらOK。
＊容器のふたを持ち上げてしまうくらい生地がふくらみすぎたら、生地を出して丸め直すとガスが抜けて小さくなる。

当日　STEP 6　分割

台に強力粉（分量外）を振り、生地をとり出す。切りとる部分に粉を振り、スケッパー、包丁などで切り分ける。
＊切るときは、できるだけ断面（切り口）が小さくなるようにすると、そのあとの成形がやりやすい。また、生地の量を少なく切ってしまった場合は、不足分を切ってくっつける（こねない）。

成形

レシピの指示に従って成形する。
＊ここではp.17の「切りっぱなしパン」で紹介。三角形になるように切り分ける。残りの生地は必ず丸め直す。

残った生地は丸め直して保存容器に戻しましょう
生地を外側にそらし、端と端をくっつける。90度回転させ、同じ作業を数回くり返し、表面がつるんとしたら保存容器に入れる。

STEP 7

焼成（焼く方法は4つ。それぞれのレシピに合わせて焼く・機種に合わせて調整を）

🔲 オーブントースター

天板にオーブンシートを敷き、生地を並べる。
予熱なし1200Wで指定の時間焼く。生地が焦げそうならアルミホイルをかぶせて調整。

外はカリッ、中はもちっとした焼き上がり。

オーブン

天板にオーブンシートを敷き、生地を並べる。
予熱あり180度で指定の時間焼く。

庫内が広く、発酵させながら焼くので、ふんわりとした焼き上がり。

🍳 フライパン

フッ素樹脂加工のフライパンはそのまま、鉄のフライパンはオーブンシートを敷いて生地を並べる。
ふたをし、強火で20秒フライパンをあたため、火を消して15分おく（二次発酵）。弱火で7分、返してさらに7分焼く。

蒸気がこもり、中はもちもち、皮はこんがりと焼き色がつく。

🔥 魚焼きグリル

油（分量外）を薄く塗ったアルミホイルの上に生地をのせ、両面焼きは中火で4分、片面焼きは返してさらに3分焼く。焦げそうならアルミホイルをかぶせて調整。

火が近いので、皮はパリッ、中はふんわりとした焼き上がり。

(p.9からつづく)

作りおきパン 分割・成形して3日保存コース（分割・成形してから冷蔵庫で発酵）

このコースは、作った生地を先に分割・成形して冷蔵庫で発酵させます。
何をどのくらい作るかを決めてから作りましょう。
朝は忙しいので、冷蔵庫から出してそのまま焼きたいというかたや、シンプルな食事用の丸パンなど、決まったパンをすぐ焼ける状態でストックしておきたいという人におすすめです。

前日つづき

STEP 5 ベンチタイム

表面がデコボコしていてもOK。ひとつにまとめ、ラップをかけて、生地が落ち着くまで10分ほどおく。

STEP 6 分割

台に強力粉（分量外）を振って生地をとり出し、分割する。切るときは、スケッパー、包丁を使う。

＊このコースでは、生地はすべて分割・成形してから冷蔵庫で発酵させるので、どのパンをどのくらいの量作るのかを、決めてから分割すること。切るときは、できるだけ断面（切り口）が小さくなるようにすると、そのあとの成形がやりやすい。また、生地の量を少なく切ってしまった場合は、不足分を切ってくっつける（こねない）。

成形

レシピの指示に従って成形する。

＊ここでは、p.20〜23の「チョコパン」「シナモンロールパン」「バタートップ」で紹介。

[チョコパン]   [バタートップ]

[シナモンロールパン]

この本では、1回に作りやすい分量でこね上がり生地450gを基準にしています

こね上がり生地450gを大人2人で5日間食べる場合は、やや少ないと感じる方もいらっしゃるかもしれません。食べる分量に合わせて、こね上がり量を調節してください。

STEP 7 冷蔵庫に入れて発酵

大きめの保存容器を用意し、生地がくっつかないよう内側に油（分量外）を薄く塗る。

発酵前
油を薄く塗った保存容器に、成形した生地を離して入れ、ふたをする。

発酵後
冷蔵庫で8時間以上ねかせる。甘生地は成形したあと3日保存が可能。

※注意!
分割・成形保存の場合は、4日以上保存すると、過発酵になります。保存期間は3日を基本としてください。また、甘生地のように卵を使うもの、ベジ生地のように野菜など水分のあるものを加える場合も、3日保存を基本に。表面に水滴がついてもふきとれるものはふきとって焼けば、問題ありません。

当日 STEP 8 焼成
（焼く方法は4つ。それぞれのレシピに従って焼く）

オーブントースター

天板にオーブンシートを敷き、生地を並べる。

予熱なし1200Wで指定の時間焼く。生地が焦げそうならアルミホイルをかぶせて調整。

外はカリッ、中はもちっとした焼き上がり。

オーブン

天板にオーブンシートを敷き、生地を並べる。

予熱あり180度で指定の時間焼く。

庫内が広く、発酵させながら焼くので、ふんわりとした焼き上がり。

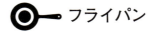 フライパン

フッ素樹脂加工のフライパンはそのまま、鉄のフライパンはオーブンシートを敷いて生地を並べる。

ふたをし、強火で20秒フライパンをあたため、火を消して15分おく（二次発酵）。弱火で7分、返してさらに7分焼く。

蒸気がこもり、中はもちもち、皮はこんがりと焼き色がつく。

魚焼きグリル

アルミホイルの上に生地をのせ、両面焼きは中火で4分、片面焼きは返してさらに3分焼く。焦げそうならアルミホイルをかぶせて調整。

火が近いので、皮はパリッ、中はふんわりとした焼き上がり。

プレーン生地で平日の朝食

5 DAYS

プレーン生地を週末に作り、冷蔵庫に入れてねかせ作りおくと平日毎朝焼きたてを楽しめます。生地が熟成していく過程を楽しむのも醍醐味です。

食べたいときに焼きたて。
作りおきパン
プレーン生地 5 日分

材料（こね上がり生地450g分）
- A
  - 強力粉 …… 250g
  - 塩 …… 4g
  - 砂糖 …… 12g
- B
  - 牛乳 …… 100g
  - 水 …… 70g
  - インスタントドライイースト …… 3g

1 日目 MONDAY

1日目の生地は、フライパンで焼いて、もちもちの食感を味わって。

丸パン

材料（2個分）
プレーン生地 …… 90g

作り方

前日 **プレーン生地を作る**（p.8〜9の基本の作り方参照）

1. 大きいボウルにAを入れてまぜる。
2. 小さいボウルにBの牛乳、水を入れ、イーストを振り入れる。
3. 1に2を加え、ゴムべらでまぜながら生地をまとめる。
4. 指先を使って2分ほどこね、ひとつにまとめる。

発酵（p.10参照）

5. 内側に油（分量外）を塗った保存容器に、生地を入れる。冷蔵庫で1晩おいて発酵させる。

当日 **分割・成形**（p.10参照）

6. 台に強力粉（分量外）を振り、生地をとり出す。45gを2個切りとり、残りは丸めて保存容器に戻し、冷蔵庫に入れる。
7. それぞれ形を丸くととのえる（下記の手順写真参照）。

焼成（p.11参照）

- オーブントースター → 予熱なし1200Wで12分
- オーブン → 予熱あり180度で15分
- フライパン → 生地を入れてふたをし、強火で20秒あたため、火を消して15分おく（二次発酵）。弱火で7分、返してさらに7分
- 魚焼きグリル → 両面焼きは中火で4分、片面焼きは返してさらに3分

成形 1

なるべく生地をつぶさないようにして、手前から向こうに折りたたむ。

成形 2

とじ目を上にして縦におく。

成形 3

さらに半分に折りたたんでキュッとくっつける。

RECIPE

スープとサラダ、
バランスのいい組み合わせ
ワンプレートディッシュ

作り方(2人分)

1. かぼちゃのスープを作る。冷凍かぼちゃ(1/8個)は電子レンジで2分ほど加熱し、皮を除く。なべに、オリーブオイル(少々)を入れて熱し、薄切りの玉ねぎ(1/4個)をいためる。しんなりしたら水(150ml)、かぼちゃ、固形スープ(1個)を加えて2〜3分煮る。ミキサーにかけてなめらかにし、なべに戻して牛乳(200ml)を加え、ひと煮立ちさせる。塩、こしょう(各少々)で味をととのえてカップに入れ、パセリのみじん切り(適量)を振る。
2. ウインナソーセージ(2本)はゆで、ミニトマト(2個)は縦4つに切り、レタス(2〜3枚)はちぎり、皿に盛り合わせる。好みのドレッシングをかける。

フライパンで焼きました

1 作りおきパン生活

オーブントースターで焼きました

2日目

TUESDAY

2日目の生地は棒状に切って、
トッピングでアレンジ

カラフル・スティックパン

材料（5本分）
プレーン生地 …… 90g

ミニトマト（縦4等分）、枝豆（ゆでてさやから出す）、
プロセスチーズ（あらく刻む）…… 各適量

作り方

当日

分割・成形（p.10参照）

台に強力粉（分量外）を振って生地をとり出し、90g を切りとる（残りは丸めて保存容器に戻し、冷蔵庫に入れる）。めん棒で7〜8mm厚さにのばし、5等分に切る。ミニトマト、枝豆、チーズをのせる。

焼成（p.11参照）

- オーブントースター → 予熱なし1200Wで7分
- オーブン → 予熱あり180度で15分
- フライパン → ×
- 魚焼きグリル → 両面焼きは中火で3分、片面焼きはアルミホイルをかぶせてさらに2分

成形1
めん棒で生地を10×18cmに広げ、5等分に切る。ピザカッターが便利。

成形2
包丁で切る場合は、生地が一気に切れるよう、長い刃のものを使って。

オーブントースターで焼きました

3 日目

WEDNESDAY

3日目の生地は熟成していておいしい。
ハムやチーズをはさんで

切りっぱなしパンの
サンドイッチ

材料（2個分）
プレーン生地 …… 90g

マヨネーズ、ロースハム、
　スライスチーズ、きゅうり（薄切り）
　…… 各適量

作り方

当日

分割・成形（p.10参照）

台に強力粉（分量外）を振って生地をとり出し、45gを2個切りとる（残りは丸めて保存容器に戻し、冷蔵庫に入れる）。

焼成（p.11参照）

- **オーブントースター** → 予熱なし1200Wで13分
- **オーブン** → 予熱あり180度で15分
- **フライパン** → 生地を入れてふたをし、強火で20秒あたため、火を消して15分おく（二次発酵）。弱火で7分、返してさらに7分
- **魚焼きグリル** → 両面焼きは中火で4分、片面焼きは返してさらに3分

仕上げ

パンの中央に縦の切り込みを入れ、ハム、マヨネーズ、チーズ、きゅうりをはさむ。

分割

発酵した生地から45gを2個切りとる。切った生地をそのままの形で焼くので、丸める必要はなし。

1 作りおきパン生活

写真はイメージです。

フライパンで
焼きました

写真はイメージです。

成形 1
生地を手で直径10cmにのばし、チーズを半量のせる。

成形 2
端と端をつまんで生地をくっつけ、口をしっかりとじる。

焼成
とじ目を下にして並べ、スライスチーズをのせる。

4 日目
THURSDAY

4日目の生地は具を包んで。
中はトロリ、外はパリッと
焼けたチーズが最高！

ダブルチーズパン

材料（2個分）
プレーン生地 …… 90g

チーズ（好みのもの）…… 40g
スライスチーズ …… ½枚

作り方

当日

分割・成形（p.10参照）

台に強力粉（分量外）を振って生地をとり出し、45gを2個切りとる（残りは丸めて保存容器に戻し、冷蔵庫に入れる）。1個ずつを手で直径10cmにのばし、チーズをのせ、生地の端と端をつまんで口をとじる。

焼成（p.11参照）

とじ目を下にしておき、半分に切ったスライスチーズをのせて焼く。フライパンは生地を返したあとにチーズをのせる。

- **オーブントースター**→予熱なし1200Wで12分
- **オーブン**→予熱あり180度で15分
- **フライパン**→生地を入れてふたをし、強火で20秒あたため、火を消して15分おく（二次発酵）。弱火で7分、生地を返してさらに7分
- **魚焼きグリル**→両面焼きは中火で4分、片面焼きはアルミホイルをかぶせてさらに3分

5日目 FRIDAY

5日目の生地は具を
のせて焼くのがおすすめ。
黄金の組み合わせで。

マヨコーン チーズパン

材料（2個分）
プレーン生地 …… 90g

コーン
　（冷凍または缶詰。
　汁けをしっかりきる）
　…… 40g
ピザ用チーズ …… 40g
マヨネーズ、パセリ（みじん切り）
　…… 各適量

成形
生地を手で直径10cmに
のばし、フォークを刺し
て穴をあける。

作り方

当日

分割・成形（p.10参照）

台に強力粉（分量外）を振って生地をとり出し、45g 2個に切り分ける。1個ずつを手で直径10cmにのばし、フォークを刺して穴をあけ、マヨネーズ、コーンをのせ、チーズとパセリを振る。

焼成（p.11参照）

- オーブントースター→予熱なし1200Wで12分
- オーブン→予熱あり180度で15分
- フライパン→返さずに弱火で10分焼く。
- 魚焼きグリル→両面焼きは中火で4分、片面焼きはアルミホイルをかぶせてさらに3分

1　作りおきパン生活

写真はイメージです。

オーブン
トースターで
焼きました

甘生地でおやつの時間

3 DAYS

生地を作って一気に分割・成形までして、食べたいときに焼くだけの3日保存のモデルコースです。週末作って平日食べたくなったらすぐ焼けるから、パン作り初心者さんにおすすめ。

卵とバターが入ったリッチな味わい
甘生地 3日分

材料（こね上がり生地450g分）

- A ┌ 強力粉 …… 250g
-   │ 塩 …… 3g
-   └ 砂糖 …… 25g
- B ┌ 卵（1個）と牛乳を合わせて …… 160g
-   └ インスタントドライイースト …… 3g
- バター …… 10g

1日目

板チョコを包むだけで、手軽においしく
チョコパン

材料（3個分）
- 甘生地 …… 150g
- 板チョコレート（2cm角）…… 6かけ
- アーモンドダイス …… 適量

作り方

前日 甘生地を作る（p.8〜9、12参照）

1. 大きいボウルにAを入れてまぜる。
2. 小さいボウルにBの卵を割りほぐし、牛乳を加えて160gにする。イーストを振り入れる。
3. 1に2を加え、ゴムべらでまぜながら生地をまとめる。
4. 指先を使って2分ほどこね、ひとつにまとめる。
5. バターをのせ、手で生地ごと握りつぶすようにして、バターをもみ込んでいく。生地に光沢がなくなるまでくり返す。表面がデコボコしていてもOK。ひとつにまとめ、10分おく。

分割・成形（p.12参照）

6. 台に強力粉（分量外）を振って生地をとり出す。チョコパン用150g、シナモンロールパン用150g、バタートップ用150gに分割し、さらにそれぞれに合った成形（左記、p.22、23参照）をする。

すべて分割・成形してしまうことで、手間を大幅カット。この状態で冷蔵発酵させる。

発酵（p.13参照）

7. 内側に油（分量外）を塗った保存容器に生地を並べ、冷蔵庫で1晩おいて発酵させる。

当日 焼成（p.13参照）

- オーブントースター → 予熱なし1200Wで12分
- オーブン → 予熱あり180度で15分
- フライパン → 生地を入れてふたをし、強火で20秒あたため、火を消して15分おく（二次発酵）。弱火で7分、返してさらに7分焼く
- 魚焼きグリル → 両面焼きは中火で4分、片面焼きは返してさらに3分

分割・成形1
甘生地150gを3等分に分割し、それぞれチョコ2かけが包める大きさに手でのばし、チョコをのせる。

成形2
焼く途中、チョコレートが出ないようしっかりとじる。表面にアーモンドダイスをのせ、手で軽く押さえる。

1 作りおきパン生活

RECIPE

おなかからあたたまる
牛乳たっぷりの
スイートドリンク
ホットチョコ

作り方（1人分）
カップにチョコレート（5かけ）を入れ、熱くあたためた牛乳（150㎖）を注ぎ、スプーンでかきまぜる。

フライパンで
焼きました

成形1

生地をめん棒で10×20cmにのばし、上2cmを残してやわらかくしたバターを塗り、シナモンシュガーを振る。

成形2

ゆるめに巻き、端をしっかり手でとじる。3等分に切る。

焼成

焼いているうちに横に広がらないよう、型（セルクル、プリンカップ）に入れて焼くといい。

オーブントースターで焼きました

2日目

くるくる、ふんわり。
シナモンはちょい多めがおすすめ

シナモンロールパン

材料（3個分）
甘生地 …… 150g

バター …… 15g
シナモンシュガー …… 適量

作り方

前日 分割・成形、発酵（p.12～13参照）

1. 台に強力粉（分量外）を振って生地をとり出す。生地150gをめん棒で長方形にのばし、上2cmを残してバターを塗り、シナモンシュガーを振る。下からくるくると少しゆるめに巻く。とじ目を手でつまんでくっつける。

2. 3等分に切る。アルミカップに入れ、上から軽く押さえて生地を落ち着かせる。保存容器に並べ、冷蔵庫に入れる。

当日 焼成（p.13参照）

生地が横に広がりやすいので、セルクルなどに入れて焼く。

- **オーブントースター** → 予熱なし1200Wで15分
- **オーブン** → 予熱あり180度で15分
- **フライパン** → 生地を入れてふたをし、強火で20秒あたため、火を消して15分おく（二次発酵）。弱火で7分、返してさらに7分
- **魚焼きグリル** → 両面焼きは中火で4分、片面焼きは返してさらに3分

3 日目

ふわっと、やわらかい食感。
甘すぎないのが魅力！

バタートップ

材料（3個分）
甘生地 …… 150g

バター（1×2cm角）…… 3個
グラニュー糖 …… 適量

作り方

前日 分割・成形、発酵（p.12〜13参照）

台に強力粉（分量外）を振って生地をとり出す。生地150gを3等分に切り分ける。それぞれ、手前から向こうに折りたたみ、とじ目を上にして縦におき、さらに半分に折りたたんでくっつけ、丸く形をととのえる。保存容器に並べ、冷蔵庫に入れる。

当日 焼成（p.13参照）

キッチンばさみで切り込みを入れる。切れ目にバターをのせてグラニュー糖を振り、焼く。

- オーブントースター → 予熱なし1200Wで15分
- オーブン → 予熱あり180度で12分
- フライパン → ×
- 魚焼きグリル → 両面焼きは中火で4分、片面焼きは返してさらに3分

1 作りおきパン生活

成形1
表側の中央にキッチンばさみで、切り込みを入れる。

成形2
切れ目にバターをのせ、グラニュー糖を振る。

オーブントースターで焼きました

全粒粉生地で平日5日間

5 DAYS

人気の全粒粉を使ったヘルシーブレッドです。
粉のおいしさを味わえるので、食事パンとしておすすめ。
ベーコンやウインナソーセージなど塩味の具材とも相性が◎。

全粒粉入りならではの、味わい深さが魅力

全粒粉生地 5日分

材料（こね上がり生地450g分）

- **A**
  - 強力粉 …… 200g
  - 全粒粉 …… 50g
  - 塩 …… 3g
  - 砂糖 …… 12g
- **B**
  - 水 …… 160g
  - インスタントドライイースト …… 3g
- オリーブオイル …… 5g

1日目 MONDAY

生地をのばしてカットするだけ。
オリーブオイルにつけてどうぞ

スティックパン

材料（5本分）
全粒粉生地 …… 70g

作り方

前日 　**全粒粉生地を作る**（p.8～9の基本の作り方参照）

1. 大きいボウルに**A**を入れてまぜる。
2. 小さいボウルに**B**の水を入れ、イーストを振り入れる。
3. **1**に**2**を加え、ゴムべらでまぜながら生地をまとめる。
4. 指先を使って2分ほどこね、ひとつにまとめる。
5. オリーブオイルをたらし、手で生地ごと握りつぶすようにして、なじませていく。生地に光沢がなくなるまでくり返し、ひとつにまとめる。表面がデコボコしていてもOK。

発酵（p.10参照）

6. 内側に油（分量外）を塗った保存容器に、生地を入れる。冷蔵庫で1晩おいて発酵させる。

当日 　**分割・成形**（p.10参照）

7. 台に強力粉（分量外）を振って生地をとり出し、70gを切りとる。残りは丸めて保存容器に戻し、冷蔵庫に入れる。
8. めん棒で7～8mm厚さにのばし、5等分に切る。

焼成（p.11参照）

- オーブントースター → 予熱なし1200Wで15分
- オーブン → 予熱あり180度で15分
- フライパン → 生地を入れてふたをし、強火で20秒あたため、火を消して15分おく（二次発酵）。弱火で5分、返してさらに5分
- 魚焼きグリル → 両面焼きは中火で3分、片面焼きは返してさらに3分

分割・成形

めん棒で10×12cmにのばし、5等分の棒状にカット。細長くカットすればグリッシーニのようにパリパリに、太く短くすればもちもちの食感に。

焼成

魚焼きグリルで焼くときは、アルミホイルを敷いて並べる。火が近いのでパリッと香ばしく焼き上がる。

RECIPE

肉の表面を焼き、
うまみをとじ込めて煮込む

トマト煮込み
ハンバーグ

作り方（2人分）

1. 合いびき肉（200g）に塩（ひとつまみ）、市販のフライドオニオン（大さじ2）を加えてまぜ、木綿どうふ（200g）を加えてこねる。6等分し、丸く形をととのえる。
2. フライパンに油（適量）を熱し、1を両面焼く。焼き色がつけばOK。トマト缶（カットタイプ。200g）、固形スープ（2個）を加え、煮立ったら弱火で10分煮る。
3. 器に盛り、スライスチーズ、バジル（各適量）をのせる。

魚焼きグリルで
焼きました

1 作りおきパン生活

オーブントースターで焼きました

2日目

TUESDAY

切りっぱなしの生地をソーセージに巻いて。
ぷっくり姿がかわいい

ウインナロール

材料（4個分）
全粒粉生地 …… 50g

ウインナソーセージ …… 4本

作り方

当日

分割・成形（p.10参照）

1. 台に強力粉（分量外）を振って生地をとり出し、50g（4個分）を切りとる（残りは丸めて保存容器に戻し、冷蔵庫に入れる）。めん棒で10×12cmにのばし、4等分に切る。

2. ソーセージに生地を巻きつける。残り3本も同様に巻く。

焼成（p.11参照）

- オーブントースター → 予熱なし1200Wで7分
- オーブン → 予熱あり180度で12分
- フライパン → 生地を入れてふたをし、強火で20秒あたため、火を消して15分おく（二次発酵）。弱火で5分、生地を返してさらに5分
- 魚焼きグリル → 両面焼きは中火で4分、片面焼きは返してさらに3分

成形1

ソーセージのまん中に、生地をかける。

成形2

生地を片方ずつ、ソーセージにくるくると巻くと、形よく仕上がる。

フライパンで焼きました

1 作りおきパン生活

3 日目

WEDNESDAY

はちみつとチーズが絶妙の味わい。
ワインにぴったりです

くるみ、ゴルゴンゾーラの丸パン

材料（2個分）
全粒粉生地 …… 90g

はちみつ …… 適量
くるみ …… 2個
ゴルゴンゾーラチーズ …… 30g

作り方

当日

分割・成形（p.10参照）

台に強力粉（分量外）を振って生地をとり出し、45gを2個切りとる（残りは丸めて保存容器に戻し、冷蔵庫に入れる）。1個ずつ、手で直径10cmにのばし、まん中にはちみつをのせ、チーズをおく。生地の端と端をつまんで口をとじる。くるみをのせ、軽く押し込む。

焼成（p.11参照）

- オーブントースター → 予熱なし1200Wで12分
- オーブン → 予熱あり180度で15分
- フライパン → 生地を入れてふたをし、強火で20秒あたため、火を消して15分おく（二次発酵）。弱火で7分、生地を返してさらに7分
- 魚焼きグリル → 両面焼きは中火で4分、片面焼きは返してさらに3分

成形1 手でまるくのばした生地にはちみつをのせ、チーズをおいて口をとじる。

成形2 焼いている途中でチーズがとけ出ないよう、口をしっかりとじる。

写真はイメージです。

成形 1

生地はやわらかいので、手で引っぱりながらのばしていく。焼くと縮むので、目安は直径18cmより大きく。

成形 2

めん棒でのばしてもOK。オリーブオイルが入っているので、生地はやわらかくのびやすい。

※焼いたパンは乾燥しやすいので、あら熱がとれたらすぐにポリ袋に入れるとよい。

オーブントースターで焼きました

4日目
THURSDAY

もちっとした弾力が特徴。
生地の厚みで食感が変化します

ラップサンド

材料（2個分）
全粒粉生地 …… 100g

牛肉（焼き肉用）、焼き肉のたれ（市販）、
　グリーンカール、トマト（あらく切る）、
　マヨネーズ…… 各適量

作り方

当日

分割・成形(p.10参照)

台に強力粉（分量外）を振って生地をとり出し、50gを2個切りとる（残りは丸めて保存容器に戻し、冷蔵庫に入れる）。1個ずつ、手で4〜5mm厚さの大きな円形にのばす。

焼成(p.11参照)

- オーブントースター→予熱なし1200Wで10分
- オーブン→予熱あり200度で15分
- フライパン→生地を入れてふたをし、強火で20秒あたため、火を消して15分おく（二次発酵）。弱火で7分、生地を返してさらに7分
- 魚焼きグリル→両面焼きは中火で4分、片面焼きは返してさらに3分

仕上げ

牛肉を焼き、たれをからめる。パンにグリーンカール、牛肉、トマトをのせ、マヨネーズをかける。

5 日目

FRIDAY

食べきりのミニサイズ。
お弁当に、軽食に、おつまみにもよし!

ベーコンエピ

材料(2本分)
全粒粉生地 …… 140g

ベーコン …… 2枚
粒マスタード、マヨネーズ …… 各適量

作り方

 当日

分割・成形(p.10参照)

1. 台に強力粉(分量外)を振って生地をとり出し、70g2個に切り分ける。1個ずつめん棒で長くのばす。
2. ベーコンをのせてさらにのばし、粒マスタード、マヨネーズを塗る。細長い棒状になるよう巻き、端はしっかりとじる。
3. とじ目を下にし、キッチンばさみで切り込みを入れ、生地を左右にずらす。

焼成(p.11参照)

- オーブントースター → 予熱なし1200Wで12分
- オーブン → 予熱あり200度で15分焼く。
- フライパン → ×
- 魚焼きグリル → 両面焼きは中火で4分、片面焼きはアルミホイルをかぶせてさらに2分

1 作りおきパン生活

成形1
生地をある程度の長さにのばしたら、ベーコンをのせてのばすと脂で生地がのびやすい。

成形2
空気が入らないように、横にくるくると巻いて端をとじる。

成形3
オーブンシートを敷いた天板に生地をのせ、キッチンばさみで斜めに3cm間隔で切り込みを入れ、左右にずらしていく。

オーブントースターで焼きました

ベジ生地でヘルシーブレッド

3 DAYS

野菜をねり込んだベジタブル生地です。ここでは、最も作りやすいトマト生地で、成形してから保存する、3日間の作りおきパターンをご紹介。朝食におすすめです。

水を加えず、トマト缶の水分を利用して作ります
トマトのベジ生地 3日分

材料（こね上がり生地450g分）
- A [強力粉 …… 250g
      塩 …… 3g]
- B [トマト缶（カットタイプ）…200g
      インスタントドライイースト …… 3g]

作り方

前日　トマトのベジ生地を作る（p.8〜9、12参照）

1. 大きいボウルにAを入れてまぜる。
2. Bのトマトに、イーストを振り入れる。
3. 1に2を加え、ゴムべらでまぜながら生地をまとめる。
4. 指先を使って2分ほどこねる。ひとつにまとめ、ラップをかけて、10分おく。

分割・成形（p.12参照）

5. 台に強力粉（分量外）を振り、トマトパン用（45g×3個分）、トマトモッツァレラパン用（45g×3個分）、フォカッチャ用180gに生地を分割する。トマトパンは丸め、そのほかのパンはp.32、33を参照して成形する。

発酵（p.13参照）

6. 内側に油（分量外）を塗った保存容器に、生地を並べる。冷蔵庫で1晩おいて発酵させる。

当日　焼成（p.13参照）

- オーブントースター → 予熱なし1200Wで15分
- オーブン → 予熱あり180度で15分
- フライパン → 生地を入れてふたをし、強火で20秒あたため、火を消して15分おく（二次発酵）。弱火で7分、返してさらに7分
- 魚焼きグリル → 両面焼きは中火で4分、片面焼きは返してさらに3分

1日目

トマトの甘みがほんのり。
ヘルシーで栄養満点

トマトパン

材料（3個分）
トマトのベジ生地 …… 135g

生地作り1
トマトに直接イーストを振り入れる。

生地作り2
イーストを振り入れたトマトを、粉に一気に加えて、ゴムべらでまぜる。

発酵
油を薄く塗った保存容器に、成形した生地を入れて冷蔵庫で発酵させる。

1 作りおきパン生活

オーブントースターで焼きました

RECIPE

野菜サラダ
ベビーリーフ、薄切りにしたブラウンマッシュルーム、ゆでたさやいんげん、蒸し鶏、くるみ、アンチョビーを盛り合わせ、ドレッシングは好みのものを。

成形 1
生地を手で平らにのばし、チーズをのせる。

成形 2
生地の端と端をつまみ、くっつける。チーズがとけ出ないようしっかりとじる。

フライパンで焼きました

2日目

もっちり食感。
モッツァレラがトマト生地によく合う

トマト
モッツァレラパン

材料（3個分）
トマトのベジ生地 …… 135g

モッツァレラチーズ…適量

作り方

前日 | **分割・成形、発酵**（p.12〜13参照）

台に強力粉（分量外）を振り、生地を45g3個に切りとる。1個ずつ手でチーズが包める大きさにのばし、チーズをのせ、端と端をつまんで口をとじる。

当日 | **焼成**（p.13参照）

- **オーブントースター** → 予熱なし1200Wで12分
- **オーブン** → 予熱あり180度で15分
- **フライパン** → 生地を入れてふたをし、強火で20秒あたため、火を消して15分おく（二次発酵）。弱火で7分、返してさらに7分焼く
- **魚焼きグリル** → 両面焼きは中火で4分、片面焼きは返してさらに3分

写真はイメージです。

3日目

オリーブオイルの風味がさわやか。
岩塩をきかせて

トマトフォカッチャ

材料（1枚分）
トマトのベジ生地 …… 180g

オリーブオイル、岩塩、ドライバジル
　…… 各適量

作り方

前日 分割・成形、発酵（p.12～13参照）

台に強力粉（分量外）を振って、生地をとり出し、180gを切りとる。めん棒で大きな楕円形にのばす。

当日 焼成（p.13参照）

発酵した生地を天板にのせ、オリーブオイルをかけ、指で数カ所押してくぼみを作る。岩塩、バジルを振って焼く。

- オーブントースター →予熱なし1200Wで15分
- オーブン →予熱あり200度で15分
- フライパン →生地を入れてふたをし、強火で20秒あたため、火を消して15分おく（二次発酵）。弱火で7分、返してさらに7分
- 魚焼きグリル →両面焼きは中火で5分、片面焼きはアルミホイルをかぶせてさらに3分

1 作りおきパン生活

成形1
生地をめん棒で楕円形にのばす。

成形2
オーブンシート敷いた天板に生地をのせる。オリーブオイルをかけ、指で押してくぼみをつける。

オーブントースターで焼きました

この本で使う、パンの主な材料

強力粉
パン作りには「強力粉」を使う。お菓子作りに使う薄力粉ではパンは作れないので、購入する際は注意を。

全粒粉
小麦の表皮、胚芽、胚乳をすべて粉にしたもの。食物繊維やミネラルが多く、味わいがある香ばしいパンができる。

塩
パン生地のグルテン形成を安定させ、引き締まったパンを作る役割がある。塩は好みのものでOK。

砂糖
パン生地に甘みをつけたり、イーストのエサとなって発酵を促進する働きがある。砂糖は好みのものでOK。

ドライイースト
パン生地を発酵させるのに必要。封をあけて時間がたつと発酵の活性が弱くなるので注意を。

牛乳
この本では低脂肪、無脂肪の牛乳ではなく、普通の牛乳を使用。

卵
卵を加えることで、リッチでコクのある生地になる。

バター
バターなどの油脂類を加えることで、リッチでのびのよい香りの高い生地になる。この本では有塩バターを使用。

オリーブオイル
オリーブオイルを加えることで、ふんわりやわらかなのびのよい生地になる。オリーブオイルの種類は好みのもので。

くるみ
ナッツ類は、甘みや塩味がついていないものを選んで。ローストしてあるものが便利で使いやすい。

ドライフルーツ
この本では、ドライいちじくやレーズンを使用。生地に自然な甘みや食感が加わる。

香辛料
香りや風味をつけるときに。この本ではシナモンなどを使用。

チーズ類
パンの具材やトッピングとして使用。ピザ用のシュレッドチーズ、クリームチーズ、スライスチーズなどをよく使う。

あずきあん
缶詰のものは水分が多く、焼く間にあんの水分が沸騰して、生地から流れ出てしまうため、袋入りタイプがおすすめ。

チョコレート
チョコレートは製菓用のものでなくても、市販の板チョコでOK。

トマト缶（カットタイプ）
生地にまぜ込んで、トマト生地作るのに使用。カットタイプを使うと、トマトのきれいな色が出ておすすめ。

PART 2

毎日作りおきパン
生地別
ミニパンバリエ

プレーン生地、甘生地、全粒粉生地、ベジ生地を使って、
さらにパン作りを楽しむためのバリエーションです。
生地が冷蔵庫にあるから、食べたいときに
どんなパンでもあっという間に焼き上がり！
また、成形保存も可能なので、
すべて同じパンに成形して作りおき保存しておけば、
忙しい日の朝食や、遅く帰った日の夕飯にも大助かりです。

成形1

生地を手で直径10cmにのばし、ベーコン2切れをのせる。

成形2

生地の端と端をつまんでくっつけ、口をしっかりとじる。最後に表側の中央にキッチンばさみで切り込みを入れる。

オーブントースターで焼きました

プレーン生地で

大きめにカットした
ほどよい塩けのベーコンがうれしい

ブロック
ベーコン入りパン

材料（こね上がり生地450g・10個分）

●プレーン生地

A ┌ 強力粉 …… 250g
  │ 塩 …… 3g
  └ 砂糖 …… 12g

B ┌ 牛乳 …… 100g
  │ 水 …… 70g
  └ インスタントドライイースト
      …… 3g

具材（10個分）

ブロックベーコン（2cm角切り）…… 20個
あらびき黒こしょう …… 適量

作り方

前日 プレーン生地を作る
（p.8〜10の作り方、発酵参照）

当日 分割・成形（p.10参照）

台に強力粉（分量外）を振って生地をとり出し、45g（1個分）を好みの個数切りとる（残りは丸めて保存容器に戻し、冷蔵庫に入れる）。それぞれ手で直径10cmにのばし、ベーコン2個をのせ、端と端をつまんで口をしっかりとじる。キッチンばさみで表側に切り込みを入れ、黒こしょうを振る。

焼成（p.11参照）

- オーブントースター→予熱なし1200Wで12分
- オーブン→予熱あり180度で15分
- フライパン→生地を入れてふたをし、強火で20秒あたため、火を消して15分おく（二次発酵）。弱火で7分、返してさらに7分焼く
- 魚焼きグリル→両面焼きは中火で4分、片面焼きは返してさらに3分

2 ミニパンバリエ

成形1
丸めた生地全体をとき卵にくぐらせる。

成形2
オリーブオイルをまぶしたパン粉を、全体にまんべんなくつける。

※普通のカレーを使う場合は、ひき肉やマッシュポテトを加え、かたくして使うこと。

オーブントースターで焼きました

揚げずに、オーブントースターで焼き上げました
カレーパン

材料（こね上がり生地450g・10個分）
●プレーン生地
A ┌ 強力粉 …… 250g
  │ 塩 …… 3g
  └ 砂糖 …… 12g
B ┌ 牛乳 …… 100g
  │ 水 …… 70g
  └ インスタントドライイースト
      …… 3g

具材（10個分）
キーマカレー
　（市販品など）…… 適量
とき卵、
　オリーブオイルをまぶしたパン粉
　…… 各適量

作り方

前日 プレーン生地を作る（p.8～10の作り方、発酵参照）

当日 分割・成形（p.10参照）

1 台に強力粉（分量外）を振って生地をとり出し、45g（1個分）を好みの個数切りとる（残りは丸めて保存容器に戻し、冷蔵庫に入れる）。それぞれ手で直径10cmにのばし、カレー大さじ2杯分をのせ、端と端をつまんで口をしっかりとじる。

2 とき卵にくぐらせパン粉を全体につける。オーブントースター、オーブンならはさみで切り込みを入れる。

焼成（p.11参照）

- オーブントースター→予熱なし1200Wで12分
- オーブン→予熱あり180度で15分
- フライパン→生地を入れてふたをし、強火で20秒あたため、火を消して15分おく（二次発酵）。弱火で7分、返してさらに7分焼く
- 魚焼きグリル→両面焼きは中火で4分、片面焼きは返してさらに3分

シンプルだけどおいしい！
バターの風味と
塩味のバランスが絶妙

塩パン

材料（こね上がり生地450g・18個分）
●プレーン生地
- A
  - 強力粉 …… 250g
  - 塩 …… 3g
  - 砂糖 …… 12g
- B
  - 牛乳 …… 100g
  - 水 …… 70g
  - インスタントドライイースト …… 3g

具材（18個分）
バター（3×1cmのもの）…… 18個
岩塩 …… 適量

作り方

前日 プレーン生地を作る
（p.8〜10の作り方、発酵参照）

当日 分割・成形（p.10参照）

1 台に強力粉（分量外）を振って生地をとり出し、150g（でき上がり6個分）を好みの個数切りとる（残りは丸めて保存容器に戻し、冷蔵庫に入れる）。めん棒で直径20cmの円形にのばし、6等分に切る。

2 バターをのせ、生地をくるくると巻く。上に岩塩を振る。

焼成（p.11参照）

- オーブントースター → 予熱なし1200Wで15分
- オーブン → 予熱あり200度で13分
- フライパン → ×
- 魚焼きグリル → 両面焼きは中火で4分、片面焼きはアルミホイルをかぶせてさらに2分

オーブントースターで焼きました

成形1
直径20cmにまるくのばした生地を、三角形になるよう6等分に切る。

成形2
三角形の生地底辺にバターをおき、ひと巻きして、バターがとけ出ないよう手で押さえる。生地を軽く引っぱりながらくるくる巻いていく。

成形1

明太子、ごぼうサラダを楕円形にのばした生地の手前側にのせ、空気が入らないよう巻く。

成形2

閉じた部分を下にして、キッチンばさみで深めに切り込みを入れ、左右にずらす。

オーブントースターで焼きました

2 ミニパンバリエ

具は何でもOK。
残ったおそうざいを利用して

ごぼうとめんたいエピ

材料（こね上がり生地450g・5本分）
●プレーン生地
- A
  - 強力粉 …… 250g
  - 塩 …… 3g
  - 砂糖 …… 12g
- B
  - 牛乳 …… 100g
  - 水 …… 70g
  - インスタントドライイースト …… 3g

具材（5本分）
ごぼうサラダ、からし明太子 …… 各適量

作り方

前日 プレーン生地を作る（p.8～10の作り方、発酵参照）

当日 分割・成形（p.10参照）

1 台に強力粉（分量外）を振って生地をとり出し、90g（1本分）を好みの個数切りとる（残りは丸めて保存容器に戻し、冷蔵庫に入れる）。めん棒で20cmの楕円形にのばし、明太子、ごぼうサラダをのせる。端からくるくると巻いて端をつまんでとじる。

2 とじ目を下にし、キッチンばさみで3cm間隔に切り込みを入れ、生地を左右にずらす。

焼成（p.11参照）

- オーブントースター→予熱なし1200Wで12分
- オーブン→予熱あり200度で15分
- フライパン→生地をのせてふたをし、強火で20秒あたため、火を消して15分おく（二次発酵）。弱火で7分、返してさらに7分
- 魚焼きグリル→両面焼きは中火で4分、片面焼きはアルミホイルをかぶせてさらに2分

成形 1

生地の左半分に粒マスタードを詰めたソーセージをのせ、右半分の生地に1cm間隔で切り込みを入れる。

成形 2

切り込みを入れた生地でソーセージをおおい、しっかりとじる。

オーブントースターで焼きました

ボリューム満点。
小さく切っておつまみにも

ロングソーセージパン

材料（こね上がり生地450g・5本分）
●プレーン生地
A ┌ 強力粉 …… 250g
  │ 塩 …… 3g
  └ 砂糖 …… 12g
B ┌ 牛乳 …… 100g
  │ 水 …… 70g
  └ インスタントドライイースト
        …… 3g

具材（5本分）
フランクフルトソーセージ …… 5本
粒マスタード …… 適量

作り方

前日 プレーン生地を作る（p.8〜10の作り方、発酵参照）

当日 分割・成形(p.10参照)

1 台に強力粉（分量外）を振って生地をとり出し、90g（1本分）を好みの本数切りとる。（残りは丸めて保存容器に戻し、冷蔵庫に入れる）。めん棒で長方形にのばす（ソーセージが包める大きさにする）。

2 ソーセージに切り込みを入れ、粒マスタードを詰める。

3 1の片側にソーセージをのせる。残りの部分に1cm間隔の切り込みを入れ、かぶせるように反対側にくっつけてとじる。

焼成(p.11参照)

- オーブントースター → 予熱なし1200Wで15分
- オーブン → 予熱あり180度で15分
- フライパン → 生地を入れてふたをし、強火で20秒あたため、火を消して15分おく（二次発酵）。弱火で7分、返してさらに7分
- 魚焼きグリル → 両面焼きは中火で5分、片面焼きはアルミホイルをかぶせてさらに2分

カルシウムたっぷり。
しその風味もさわやか

じゃこしそ
チーズロール

材料（こね上がり生地450g・16個分）

●プレーン生地

A ┌ 強力粉 …… 250g
  │ 塩 …… 3g
  └ 砂糖 …… 12g

B ┌ 牛乳 …… 100g
  │ 水 …… 70g
  └ インスタントドライイースト
         …… 3g

具材（16個分）

スライスチーズ …… 4枚
青じそ …… 16枚
ちりめんじゃこ …… 40g

作り方

前日 プレーン生地を作る
（p.8〜10の作り方、発酵参照）

当日 分割・成形（p.10参照）

1 台に強力粉（分量外）を振って生地をとり出し、110g（でき上がり4個分）を好みの個数切りとる（残りは丸めて保存容器に戻し、冷蔵庫に入れる）。めん棒で15cm角にのばす。チーズ、青じそ、ちりめんじゃこをのせる。

2 端からくるくると巻いて口をしっかりとじ、4等分に切る。

焼成（p.11参照）

- オーブントースター → 予熱なしで1200Wで13分
- オーブン → 予熱あり180度で15分
- フライパン → 生地を入れてふたをし、強火で20秒あため、火を消して15分おく（二次発酵）。弱火で7分、返してさらに7分焼く
- 魚焼きグリル → 両面焼きは中火で4分、片面焼きは返してさらに3分

2 ミニパンバリエ

成形1
チーズ1枚、青じそ4枚、ちりめんじゃこ10gを全体にのせる。空気が入らないように端から巻き込んでしっかりとじる。

成形2
生地に4等分の目印を入れ、端から切る。

オーブントースターで焼きました

オーブントースターで焼きました

甘生地で

びっくり！ あのメロンパンも、おうちでカンタン

メロンパン

2 ミニパンバリエ

材料（10個分）

●甘生地（こね上がり生地450g分）
A ┌ 強力粉 …… 250g
　├ 塩 …… 3g
　└ 砂糖 …… 25g
B ┌ 卵（1個）と牛乳を合わせて …… 160g
　└ インスタントドライイースト …… 3g
バター（食塩不使用）…… 10g

●クッキー生地（こね上がり生地213g分）
薄力粉 …… 100g
バター（食塩不使用）…… 45g
グラニュー糖 …… 45g
とき卵 …… 23g
バニラオイル …… 数滴

グラニュー糖 …… 適量

クッキー生地の保存
クッキー生地は冷蔵で3日保存可能。冷凍保存もできるので多めに作っておくと便利。切り分けて自然解凍して使う。

作り方

前日　甘生地を作る（p.8〜10の作り方、発酵参照）

クッキー生地を作る

1. ボウルにやわらかくしたバターを入れ、泡立て器でクリーム状になるまでまぜる。グラニュー糖を加えて白っぽくなったら、とき卵を少しずつ加えまぜ、バニラオイルをたらす。

2. 薄力粉を加え、ゴムべらで切るようにさっくりとまぜる。生地がまとまればOK。ラップで包み、10cm長さの棒状にととのえ、冷蔵庫に入れる。

当日　分割・成形

3. 台に強力粉（分量外）を振って甘生地をとり出し、45g（1個分）を好みの個数切りとる（残りは丸めて保存容器に戻し、冷蔵庫に入れる）。生地を手前から向こうに折りたたみ、とじ目を上にして縦におく。さらに半分に折りたたんでくっつけ、手で丸く形をととのえる。

4. オーブンシートの上に強力粉（分量外）を振ってクッキー生地をとり出し、20g（1個分）を1と同じ個数切りとる（残りの生地はラップで包んで、冷蔵庫に入れる）。めん棒で1の生地の約1.5倍の大きさにのばす。

5. 3に4をかぶせ、端の部分はくっつける。カードで格子状に模様をつけ、グラニュー糖を振る。

焼成（p.11参照）

- オーブントースター → 予熱なし1200Wで15分。途中でアルミホイルをかぶせる
- オーブン → 予熱あり180度で17分
- フライパン → ×
- 魚焼きグリル → ×

成形1
クッキー生地はやわらかいので、オーブンシートの上でのばすと作業がしやすい。甘生地の1.5倍の大きさまでのばす。生地が薄いと焼いているときに割れやすい。

成形2
甘生地にクッキー生地をふんわりとかぶせ、返して、底の部分の生地をしっかりとくっつける。

成形3
カードなどで、格子状に模様をつける。

焼成
焼く前にグラニュー糖を振る。表面がざらざらになり、光沢が出る。

子どもも大人も大好き！
チョコクロ風

材料（甘生地こね上がり450g・18個分）
- A ┌ 強力粉 …… 250g
  │ 塩 …… 3g
  └ 砂糖 …… 25g
- B ┌ 卵（1個）と牛乳を合わせて …… 160g
  └ インスタントドライイースト …… 3g
- バター …… 10g

具材（18個分）
- 板チョコ（1×2cm）…… 18かけ

成形 1
三角形の生地の底辺にチョコをおき、ひと巻きしたら、チョコが流れ出ないよう押さえる。

成形 2
生地の先を軽く引っぱりながら巻くときれいに巻ける。巻き終わりはとめる。

作り方

前日 ▶ 甘生地を作る（p.8〜10の作り方、発酵参照）

当日 ▶ 分割・成形

1. 台に強力粉（分量外）を振って生地をとり出し、150g（でき上がり6個分）を好みの個数切りとる（残りは丸めて保存容器に戻し、冷蔵庫に入れる）。めん棒で直径20cmの円形にのばし、6等分の三角形になるように切る。

2. 生地をめん棒で軽くのばし、手前にチョコを1かけのせる。ひと巻きして生地を軽く押さえ、くるくると巻く。

焼成（p.11参照）
- オーブントースター → 予熱なし1200Wで13分
- オーブン → 予熱あり180度で15分焼く。
- フライパン → 生地を入れてふたをし、強火で20秒あたため、火を消して15分おく（二次発酵）。弱火で7分、返してさらに7分
- 魚焼きグリル → 両面焼きは中火で4分、片面焼きはアルミホイルをかぶせてさらに2分

大人気の定番！じょうずに焼くコツはあんの水分調整にあり
あんパン

材料（甘生地こね上がり450g・10個分）
- A ┌ 強力粉 …… 250g
  │ 塩 …… 3g
  └ 砂糖 …… 25g
- B ┌ 卵（1個）と牛乳を合わせて …… 160g
  └ インスタントドライイースト …… 3g
- バター …… 10g

具材（10個分）
- こしあん（30gに丸めたもの）…… 10個
- いり黒ごま …… 適量

成形
のばした生地にあんをのせ、端と端をつまんで口をしっかりとじる。

作り方

前日 ▶ 甘生地を作る（p.8〜10の作り方、発酵参照）

当日 ▶ 分割・成形

台に強力粉（分量外）を振って生地をとり出し、45g（1個分）を好みの個数切りとる（残りは丸めて保存容器に戻し、冷蔵庫に入れる）。手であんが包めるくらいの大きさにのばし、あんをのせる。しっかりと口をとじ、ごまをのせる。

焼成（p.11参照）
- オーブントースター → 予熱なし1200Wで13分
- オーブン → 予熱あり180度で15分
- フライパン → 生地をのせてふたをし、強火で20秒あたため、火を消して15分おく（二次発酵）。弱火で7分、返してさらに7分
- 魚焼きグリル → 両面焼きは中火で4分、片面焼きは返してさらに3分

あんについて
あんの水分が多いと、焼いている間に沸騰し、流れ出てしまう。丸めたとき、手につかないかたさがベスト。やわらかければキッチンペーパーにのせて水分を吸わせたり、電子レンジで水分をとばす。水分の多い缶詰よりも、袋入りタイプがおすすめ。

2 ミニパンバリエ

オーブン
トースターで
焼きました

フライパンで
焼きました

フライパンで
焼きました

※オーブントースターやオーブンで焼くと、上がふくらむ焼き上がりになります。

オーブン
トースターで
焼きました

子どもといっしょに
お絵かきパン

材料（甘生地こね上がり450g・10個分）
- A
  - 強力粉 …… 250g
  - 塩 …… 3g
  - 砂糖 …… 25g
- B
  - 卵（1個）と牛乳を合わせて …… 160g
  - インスタントドライイースト …… 3g
- バター …… 10g
- チョコペン …… 1本

耳のつけ方1
分割した生地の端を手の端で転がして、ごく少量を2個切りとる。

耳のつけ方2
残った生地は丸め直し、小さな生地を裏で軽くつまんでくっつける。

作り方

前日 甘生地を作る（p.8～10の作り方、発酵参照）

当日 分割・成形

1. 台に強力粉（分量外）を振って生地をとり出し、45g（1個分）を好みの個数切りとる（残りは丸めて保存容器に戻し、冷蔵庫に入れる）。手前から向こうに折りたたみ、とじ目を上にして縦におく。さらに半分に折りたたんでくっつけ、丸く形をととのえる。
2. 耳や目をつける場合は左記を参照してつける。

焼成（p.11参照）
- オーブントースター→予熱なし1200Wで15分
- オーブン→予熱あり180度で15分
- フライパン→生地を入れてふたをし、強火で20秒あたため、火を消して15分おく（二次発酵）。弱火で7分、返してさらに7分
- 魚焼きグリル→両面焼きは中火で4分、片面焼きは返してさらに3分

仕上げ
チョコペンで好きな顔や文字を描く。

焼きマシュマロがおいしい！
マシュマロピザ

材料（甘生地こね上がり450g・5枚分）
- A
  - 強力粉 …… 250g
  - 塩 …… 3g
  - 砂糖 …… 25g
- B
  - 卵（1個）と牛乳を合わせて …… 160g
  - インスタントドライイースト …… 3g
- バター …… 10g

具材（5枚分）
チョコレートクリーム（市販）、マシュマロ、アーモンドダイス …… 各適量

成形1
生地がふくらまないようにフォークを刺して全体に穴をあける。

成形2
縁1cmを残してチョコレートクリームを塗る。

作り方

前日 甘生地を作る（p.8～10の作り方、発酵参照）

当日 分割・成形

1. 台に強力粉（分量外）を振って生地をとり出し、90g（1枚分）を好みの個数切りとる（残りは丸めて保存容器に戻し、冷蔵庫に入れる）。手で直径15cmの円形にのばし、フォークを刺して全体に穴をあける。
2. オーブントースターで2～3分、素焼きする。
3. 縁1cmを残してチョコレートクリームを塗り、マシュマロをのせ、アーモンドダイスを振る。

焼成（p.11参照）
- オーブントースター→予熱なし1200Wで3分
- オーブン→予熱あり180度で5分
- フライパン→×
- 魚焼きグリル→両面・片面焼きともに中火で2分。

※マシュマロの様子を見ながら焼くこと。

渦巻き状に巻いて。
香ばしいアーモンドがうれしい

アーモンドロール

材料（甘生地こね上がり450g・12個分）
- **A**
  - 強力粉 …… 250g
  - 塩 …… 3g
  - 砂糖 …… 25g
- **B**
  - 卵（1個）と牛乳を合わせて …… 160g
  - インスタントドライイースト …… 3g
- バター …… 10g

具材（12個分）
- バター（7mm角に切ったもの）……36個
- スライスアーモンド、グラニュー糖……各適量

作り方

前日　甘生地を作る
（p.8～10の作り方、発酵参照）

当日　分割・成形

1. 台に強力粉（分量外）を振って生地をとり出し、150g（4個分）を好みの個数切りとる（残りは丸めて保存容器に戻し、冷蔵庫に入れる）。めん棒で約8×15cmにのばし、長い辺を4等分に切る。

2. 1本ずつ生地を転がして40cm長さにのばす。

3. 渦巻き状に成形し、バターをのせ、スライスアーモンド、グラニュー糖を振る。

焼成（p.11参照）

- **オーブントースター** → 予熱なし1200Wで15分
- **オーブン** → 予熱あり180度で15分
- **フライパン** → 生地を入れてふたをし、強火で20秒あたため、火を消して15分おく（二次発酵）。弱火で10分
- **魚焼きグリル** → 両面焼きは中火で4分、片面焼きは返してさらに3分

オーブントースターで焼きました

成形

棒状にカットした生地を、手のひらで転がして40cmのひも状にのばす。生地を中心からゆるめに渦巻き状におき、巻き終わりはしっかりくっつける。

全粒粉生地で

オリーブをまるごと包み込んで。
ワインのお供に

オリーブパン

材料（こね上がり生地450g・6本分）
●全粒粉生地
A ┌ 強力粉 …… 200g
　├ 全粒粉 …… 50g
　├ 塩 …… 3g
　└ 砂糖 …… 5g
B ┌ 水 …… 160g
　└ インスタントドライイースト …… 3g
オリーブオイル …… 5g

具材（6本分）
黒オリーブ（種抜き）……30個

作り方

前日 全粒粉生地を作る
（p.8～10の作り方、発酵参照）

当日 分割・成形

台に強力粉（分量外）を振って生地をとり出し、75g（1本分）を好みの個数切りとる（残りは丸めて保存容器に戻し、冷蔵庫に入れる）。めん棒で5×15cmにのばし、オリーブ5個をのせ、折ってとじる。手で生地を軽がしながら形をととのえる。

焼成（p.11参照）

- オーブントースター → 予熱なし1200Wで13分
- オーブン → 予熱あり200度で15分
- フライパン → 生地を入れてふたをし、強火で20秒あため、火を消して15分おく（二次発酵）。弱火で7分、返してさらに7分焼く
- 魚焼きグリル → 両面焼きは中火で4分、片面焼きは返してさらに3分

2 ミニパンバリエ

成形1
オリーブは汁けがある場合はふき、5×15cmにのばした生地に並べる。

成形2
棒状になるように折り、生地の端をしっかりとめる。手のひらで軽く転がして形をととのえる。

オーブントースターで焼きました

オーブン
トースターで
焼きました

オーブン
トースターで
焼きました

もっちり、しっとり。
やや小さめのサイズです
ベーグル

材料（こね上がり生地450g・6個分）
●全粒粉生地

A ┌ 強力粉 …… 200g
  │ 全粒粉 …… 50g
  │ 塩 …… 3g
  └ 砂糖 …… 5g

B ┌ 水 …… 160g
  │ インスタント
  └   ドライイースト …… 3g

オリーブオイル …… 5g
はちみつ …… 大さじ1

作り方

前日 全粒粉生地を作る
（p.8〜10の作り方、発酵参照）

当日 分割・成形

1. 台に強力粉（分量外）を振って生地をとり出し、75g（1個分）を好みの個数切りとる（残りは丸めて保存容器に戻し、冷蔵庫に入れる）。
2. 生地を成形する（右記の手順参照）。
3. 沸騰した湯にはちみつを加え、2を入れて片面1分ずつゆでる。キッチンペーパーにとって湯をきる。

焼成（p.11参照）

- オーブントースター → 予熱なし1200Wで13分
- オーブン → 予熱あり200度で15分
- フライパン → 生地をのせてふたをし、弱火で7分、ひっくり返してさらに弱火で7分
- 魚焼きグリル → 両面焼きは中火で5分、片面焼きは返してさらに3分

成形1 めん棒で15×8cmの楕円形にのばす。

成形2 奥から手前に巻き込むように、生地を少し折ってはとじ、少し折ってはとじをくり返して葉巻状にする。これが生地の独特な食感につながる。

成形3 手のひら全体を使って、ころころと転がして、約20cmのひも状にのばす。

成形4 ひも状の一方をつぶし、三角形に広げる。

成形5 ひも状の生地で輪をつくり、三角に広げた部分で、端を完全に包み込み、裏側でしっかりとめる。

成形6 湯にはちみつを加えると表面がしっとりする。片面1分ずつゆでるが、長くゆでるともっちり感が高まり、短いとふんわりした食感になる。

チーズをのせて焼いたアレンジ版です
チーズベーグル

材料（こね上がり生地450g・6個分）
●全粒粉生地

A ┌ 強力粉 …… 200g
  │ 全粒粉 …… 50g
  │ 塩 …… 3g
  └ 砂糖 …… 5g

B ┌ 水 …… 160g
  │ インスタント
  └   ドライイースト …… 3g

オリーブオイル …… 5g
はちみつ …… 大さじ1
シュレッドチーズ …… 30g

作り方

「ベーグル」（上記）を参照して生地を作り、分割・成形する。焼成のとき、ベーグルにチーズを均等にのせて焼く。野菜をねり込んだベジ生地などで作ってもおいしい。

成形1

めん棒で5〜6mm厚さの楕円形にのばす。焼くと縮むので、少し大きめに。

成形2

乾いた布に生地をのせ、5分おく。生地に含まれる水分が適度に吸収され、生地の上下が同じように焼ける。

オーブントースターで焼きました

※焼いたパンは乾燥しやすいので、あら熱がとれたらすぐにポリ袋に入れるとよい。

乾いた布に生地をのせ、
休ませてから焼くと
ぷっとふくらみます

ピタパン

材料（こね上がり生地450g・5枚分）

●全粒粉生地

A ┌ 強力粉 …… 200g
　├ 全粒粉 …… 50g
　├ 塩 …… 3g
　└ 砂糖 …… 5g

B ┌ 水 …… 160g
　└ インスタントドライイースト
　　　…… 3g

オリーブオイル …… 5g

具材（5枚分）

好みの具材
（豚肉のしょうゆいため、
　ズッキーニのソテー、
　トマト、レタス、きゅうり）…… 適量

作り方

前日 　**全粒粉生地を作る**（p.8〜10の作り方、発酵参照）

当日 　**分割・成形**

1. 台に強力粉（分量外）を振って生地をとり出し、90g（1枚分）を好みの個数切りとる（残りは丸めて保存容器に戻し、冷蔵庫に入れる）。めん棒で5〜6mm厚さの楕円形にのばす。

2. 乾いた布にのせ、5分おく。再びめん棒で20cm長さの楕円形にのばす。

焼成（p.11参照）

- オーブントースター→予熱して1200Wで10分
- オーブン→予熱あり200度で15分
- フライパン→生地を入れてふたをし、弱〜中火で4分、生地を返してさらに4分焼く
- 魚焼きグリル→両面・片面焼きともに中火で4分

仕上げ

生地を半分に切り、好みの具材を詰める。

 オーブントースターで焼きました

切って、くるっと巻いて、かわいらしい栗の形に
マロンクリームパン

材料（こね上がり生地450g・10個分）
●全粒粉生地
A ┌ 強力粉 …… 200g
  │ 全粒粉 …… 50g
  │ 塩 …… 3g
  └ 砂糖 …… 5g
B ┌ 水 …… 160g
  └ インスタントドライイースト …… 3g
オリーブオイル …… 5g

具材（10個分）
マロンクリーム（市販）…… 適量

作り方

前日 　全粒粉生地を作る
（p.8〜10の作り方、発酵参照）

当日 　分割・成形

台に強力粉（分量外）を振って生地をとり出し、45g（1個分）を好みの個数切りとる（残りは丸めて保存容器に戻し、冷蔵庫に入れる）。めん棒で12×5cmにのばし、縁1cmを残してマロンクリームを塗る。横半分に折って、上下1cmを残してまん中に切り込みを入れる。切り口を上に向け、端と端をつまんでくっつける。

焼成（p.11参照）

- オーブントースター→予熱なし1200Wで13分
- オーブン→予熱あり180度で15分焼く。
- フライパン→✕
- 魚焼きグリル→両面焼きは中火で4分、片面焼きはアルミホイルをかぶせてさらに2分

成形1
マロンクリームを塗った生地を横半分に折り、ピザカッターで上下1cmを残してまん中に切り込みを入れる。

成形2
切り口を上に向け、くるっと巻いて、端と端をくっつける。

成形1
いちじく、くるみをのせ、まわりの生地で包み、またその上にいちじく、くるみをのせて包むことをくり返す。

成形2
表面にナイフで切り目を入れると、模様になる。

オーブントースターで焼きました

ドライいちじく、
くるみをたっぷり詰めて

いちじくパン

材料（こね上がり生地450g・10個分）

●全粒粉生地
- **A**
  - 強力粉 …… 200g
  - 全粒粉 …… 50g
  - 塩 …… 3g
  - 砂糖 …… 5g
- **B**
  - 水 …… 160g
  - インスタントドライイースト …… 3g
- オリーブオイル …… 5g

具材（10個分）
いちじく（食べやすくカットする）、くるみ
…… 各適量

作り方

前日 ▸ 全粒粉生地を作る（p.8～10の作り方、発酵参照）

当日 ▸ 分割・成形

1 台に強力粉（分量外）を振って生地をとり出し、45g（1個分）を好みの個数切りとる（残りは丸めて保存容器に戻し、冷蔵庫に入れる）。手でまるくのばし、いちじく、くるみを少量のせて包み、さらに少量のせて包みを、3～4回くり返し、丸く形をととのえる。

2 ナイフで木の葉のような切り目を入れる。

焼成（p.11参照）

- オーブントースター → 予熱なし1200Wで15分
- オーブン → 予熱あり200度で15分
- フライパン → 生地を入れてふたをし、強火で20秒あたため、火を消して15分おく（二次発酵）。弱火で7分、返してさらに7分
- 魚焼きグリル → 両面焼きは中火で6分、片面焼きは返してさらに3分

ベジ生地で

甘みが強くホクホクの、
冷凍かぼちゃがおすすめ

かぼちゃの
クリームチーズパン

材料（こね上がり生地450g・10個分）
●かぼちゃのベジ生地
- A ┌ 強力粉 …… 250g
    │ 塩 …… 3g
    └ 砂糖 …… 5g
- B ┌ 牛乳 …… 100g
    │ 水 …… 30g
    │ かぼちゃ（皮を除いてこまかく切ったもの）…… 70g
    └ インスタントドライイースト …… 3g

具材（10個分）
- クリームチーズ …… 300g
- かぼちゃの種 …… 適量

作り方

前日：かぼちゃのベジ生地を作る（p.8〜10の作り方、発酵参照）

かぼちゃはイーストといっしょに牛乳と水にまぜ、粉に加える。

当日：分割・成形

台に強力粉（分量外）を振って生地をとり出し、45g（1個分）を好みの個数切りとる（残りは丸めて保存容器に戻し、冷蔵庫に入れる）。1個ずつ直径10cmの円形にのばし、クリームチーズ30gをのせ、口をとじる。かぼちゃの種をのせる。

焼成（p.11参照）

- オーブントースター → 予熱なし1200Wで13分
- オーブン → 予熱あり180度で15分
- フライパン → 生地を入れてふたをし、強火で20秒あたため、火を消して15分おく（二次発酵）。弱火で7分、返してさらに7分焼く
- 魚焼きグリル → 両面焼きは中火で4分、片面焼きは返してさらに3分

生地作り
冷凍かぼちゃは水分量が少ないので失敗が少ない。皮を除いてつぶす。

成形
クリームチーズをのせ、生地の端と端とつまんでしっかりとじる。

ベジ生地バリエの水分調整
野菜は加熱の仕方や時期により水分量が大きく変わるので調節がたいせつ。水分少なめでスタートし、生地がかたいときに水を加えて調整を。ゆるいときは粉少々を足して。

フライパンで焼きました

焼きたてでも、冷めてもおいしい。
ほどよい塩けが◎

チーズほうれんそうパン

材料（こね上がり生地450g・12個分）
●ほうれんそうのベジ生地
A ┌ 強力粉 …… 250g
　│ 塩 …… 3g
　└ 砂糖 …… 5g
B ┌ 牛乳 …… 50g
　│ 水 …… 60g
　│ ほうれんそう
　│ 　（ゆでてかたくしぼり、
　│ 　こまかく切ったもの）…… 50g
　└ インスタントドライイースト …… 3g

具材（12個分）
ベーコン …… 8枚
スライスチーズ …… 8枚

作り方

前日 ほうれんそうのベジ生地を作る
（p.8〜10の作り方、発酵参照）

ほうれんそうはイーストといっしょに牛乳と水にまぜ、粉に加える。

当日 **分割・成形**

台に強力粉（分量外）を振って生地をとり出し、150g（4個分）を好みの個数切りとる（残りは丸めて保存容器に戻し、冷蔵庫に入れる）。めん棒でのばし、1個につきベーコンを2枚のせて同じ大きさにのばす。チーズも同様に生地の大きさに合わせてのせ、手前から巻き、とじ目をくっつけて4等分に切る。

焼成（p.11参照）

- オーブントースター→予熱なし1200Wで13分
- オーブン→予熱あり180度で15分
- フライパン→生地を入れてふたをし、強火で20秒あたため、火を消して15分おく（二次発酵）。弱火で7分、返してさらに7分
- 魚焼きグリル→両面焼きは中火で4分、片面焼きは返してさらに3分

オーブントースターで焼きました

成形1
ベーコンをのせたほうが生地がよくのびる。ベーコンと同じ大きさまでのばす。

成形2
巻き終わりをしっかりくっつけ、4等分に切る。

成形 1
生地を三角形になるように分割するとあとの作業がラク。

成形 2
手で引っぱりながら、二等辺三角形のような形にのばす。のびないときは、生地を5分ほど室温で休ませるとよい。

オーブントースターで焼きました

2 ミニパンバリエ

キーマカレーなど好みのカレーといっしょにどうぞ！

ほうれんそうのナン

材料（こね上がり生地450g・6枚分）
●ほうれんそうのベジ生地
A ┌ 強力粉 …… 250g
  │ 塩 …… 3g
  └ 砂糖 …… 5g
B ┌ 牛乳 …… 50g
  │ 水 …… 60g
  │ ほうれんそう
  │ （ゆでてかたくしぼり、
  │ こまかく切ったもの）…… 50g
  └ インスタントドライイースト …… 3g

具材（6個分）
バター …… 適量

作り方

前日 ｜ **ほうれんそうのベジ生地を作る**（p.8〜10の作り方、発酵参照）

ほうれんそうはイーストといっしょに牛乳と水にまぜ、粉に加える。

当日 ｜ **分割・成形**

台に強力粉（分量外）を振って生地をとり出し、三角形に75gを好みの個数切りとる（残りは丸めて保存容器に戻し、冷蔵庫に入れる）。手で広げて細長い三角形にのばす。

焼成（p.11参照）

- **オーブントースター** → 予熱なし1200Wで13分
- **オーブン** → 予熱あり200度で15分
- **フライパン** → 生地をのせてふたをし、強火で20秒あたため、火を消して15分おく（二次発酵）。弱火で7分、返してさらに7分
- **魚焼きグリル** → 両面・片面焼きともに中火で4分

仕上げ

焼き上がったら、バターを塗る。

分割した生地を、そのまま焼き上げます

にんじん生地のサンドイッチ

材料(こね上がり生地450g・10個分)
●にんじんのベジ生地
A ┌ 強力粉 …… 250g
  │ 塩 …… 3g
  └ 砂糖 …… 5g
B ┌ 牛乳 …… 50g
  │ 水 …… 60g
  │ にんじん(すりおろしたもの) …… 60g
  └ インスタントドライイースト …… 3g

具材(10個分)
レタス、ベーコンソテー、スライストマト …… 各適量

生地作り
にんじんはすりおろす。水分が多い場合は軽くしぼる。

作り方

前日 ▸ **にんじんのベジ生地を作る**(p.8〜10の作り方、発酵参照)

にんじんはイーストといっしょに牛乳と水にまぜ、粉に加える。

当日 ▸ **分割・成形**

台に強力粉(分量外)を振って生地をとり出し、三角形になるよう45gずつ好みの個数切りとる(残りは丸めて保存容器に戻し、冷蔵庫に入れる)。

焼成(p.11参照)

- オーブントースター → 予熱なし1200Wで13分
- オーブン → 予熱あり180度で15分
- フライパン → 生地を入れてふたをし、強火で20秒あたため、火を消して15分おく(二次発酵)。弱火で7分、返してさらに7分
- 魚焼きグリル → 両面焼きは中火で4分、片面焼きは返してさらに3分

仕上げ

パンを2枚に切り、具材をはさむ。

 オーブントースターで焼きました

オーブントースターで焼きました

2 ミニパンバリエ

にんじん嫌いでも、これなら食べられる！
にんじんのパン

材料（こね上がり生地450g・10個分）
●にんじんのベジ生地
A ┌ 強力粉 …… 250g
  │ 塩 …… 3g
  └ 砂糖 …… 5g
B ┌ 牛乳 …… 80g
  │ 水 …… 30g
  │ にんじん（すりおろしたもの）…… 60g
  └ インスタントドライイースト …… 3g

ほうれんそうのベジ生地（p.56参照）
　　…… 150g

成形
にんじんのベジ生地に、ほうれんそうのベジ生地をくっつけ、キッチンばさみで切り込みを入れる。

作り方

前日 ▶ **にんじんのベジ生地を作る**（p.8〜10の作り方、発酵参照）

にんじんはイーストとともに牛乳と水にまぜ、粉に加える。

当日 ▶ **分割・成形**

1. 台に強力粉（分量外）を振ってにんじんのベジ生地をとり出し、45g（1個分）を好みの個数切りとる。ほうれんそうベジ生地は15g（1個分）を同数切りとる（残りは丸めて保存容器に戻し、冷蔵庫に入れる）。

2. にんじんのベジ生地を手でにんじんの形にのばす。

3. ほうれんそうのベジ生地を手で3×2cmの長方形にのばす。2の上にくっつけ、3カ所切り込みを入れる。

焼成（p.11参照）

- オーブントースター → 予熱なし1200Wで13分
- オーブン → 予熱あり180度で15分
- フライパン → 生地を入れてふたをし、強火で20秒あたため、火を消して15分おく（二次発酵）。弱火で7分、返してさらに7分焼く
- 魚焼きグリル → 両面焼きは中火で4分、片面焼きは返してさらに3分

成形1

楕円形にのばした生地の半面に、クリームチーズをたっぷり塗り、くるみを散らす。

成形2

半分に折りたたんで生地を軽く押さえ、8等分に切り分ける。

成形3

1本ずつ、ひと結びにして、両端の生地は中に折り込む。

オーブントースターで焼きました

ジャムを利用して手軽に。好みのジャムでどうぞ

ブルーベリーパン

材料（こね上がり生地450g分・24個分）

●ブルーベリーの生地

A ┌ 強力粉 …… 250g
　├ 塩 …… 3g
　└ 砂糖 …… 10g

B ┌ 牛乳 …… 100g
　├ 水 …… 30g
　├ ブルーベリージャム …… 30g
　└ インスタントドライイースト …… 3g

具材（24個分）

クリームチーズ、くるみ …… 各適量

作り方

前日 ブルーベリーの生地を作る（p.8〜10の作り方、発酵参照）

ブルーベリージャムはイーストといっしょに牛乳と水にまぜ、粉に加える。

当日 分割・成形

台に強力粉（分量外）を振って生地をとり出し、150g（8本分）を好みの個数切りとる（残りは丸めて保存容器に戻し、冷蔵庫に入れる）。めん棒で3〜4mm厚さの楕円形にのばす。生地の下半分にクリームチーズを塗り、くるみをのせる。半分に折って8等分に切る。1本ずつひと結びして、端の生地を中に入れる。

焼成（p.11参照）

- オーブントースター → 予熱なし1200Wで13分
- オーブン → 予熱あり180度で15分
- フライパン → 生地を入れてふたをし、強火で20秒あたため、火を消して15分おく（二次発酵）。弱火で7分、返してさらに7分
- 魚焼きグリル → 両面焼きは中火で4分、片面焼きは返してさらに3分

初めて食べるパンは、ママの手作り！
親子でしあわせになるパンプロジェクト

生まれて初めて食べるもの、ママとしては気になりますよね。
10倍がゆから始めて、少したったころにパンがゆを作ります。
そのときのパン、ぜひママの手で焼いたものにしてみませんか？

そのあと1歳、2歳、3歳……そして大きくなってもきっとママは子どものために
パンを焼くことになると思います。

パンを手作りすると材料が目に見えて安心であることはもちろん、実は焼きたて
のいい香りの中で、ママもとってもしあわせな気持ちになると思います。

赤ちゃんが生まれると、初めてのことばかりで、寝不足にもなるし、何をするにも
ドキドキ不安で、ママが泣きたくなることもたくさん。
この生活、いつ終わるの……と達成感がない時期もありますね。

そんな時期にはぜひパンを焼いてみてください。小さな小さな達成感ですが、
少しだけ子どものためにいいことをしている「私っていいママかも〜」なんてう
れしい気持ちにもなって、少し余裕が生まれます。

それを公園に持っていったら大人気になりますよ〜。

ママがニコニコしていたらきっと家族はしあわせ。
しんどいな〜と思っていても、そのうち赤ちゃんがほほ笑んでくれたり、ハイハ
イしたり。そして歩いて、おしゃべりも始めてなんだか最近楽になってきたかも？
なんてことに。

手作りパンは、子どもたちにとってはもちろんですが、
ママにもかけがえのないものになってくるはずです。
私の方法なら簡単に焼きたてパンが楽しめるので、ぜひお子さまとパパと、まわ
りのかたがたといっしょに楽しんでくださいね。

赤ちゃん時代から、ママと手作りパンを楽しんできた、健悟くん（5歳）と、将馬くん（2歳）

 オーブントースターで焼きました

材料（こね上がり生地170g・9〜10本分）
- A
  - 強力粉 …… 100g
  - 塩 …… 1g
  - 砂糖 …… 5g
- B
  - 牛乳 …… 50g
  - 水 …… 20g
  - インスタントドライイースト …… 1g

前日 プレーン生地を作る
（p.8〜10の作り方、発酵参照）

当日 分割・成形

台に強力粉（分量外）を振って生地をとり出し、めん棒で7〜8mm厚さにのばし、ピザカッターまたは包丁で、1cm幅に切る。

焼成（p.11参照）

- オーブントースター → 予熱なし1200Wで7分
- オーブン → 予熱あり180度で15分
- フライパン → 生地を入れてふたをし、強火で20秒あたため、火を消して15分おく（二次発酵）。弱火で5分、返してさらに5分
- 魚焼きグリル → 両面焼きは中火で3分、片面焼きは、返してさらに3分

カミカミ・パクパク期にぴったり（9カ月ごろから）

シンプルで、普通のパンより塩分や甘みも控えめ

手づかみ離乳食スティックパンの作り方

手づかみ離乳食スティックパンバリエ

それぞれの材料で上記と同様に作れます。

青のりパン
材料（9〜10本分）
- A
  - 強力粉 …… 100g
  - 塩 …… 1g
  - 砂糖 …… 5g
  - 青のり …… 10g
- B
  - 水 …… 65g
  - インスタントドライイースト …… 1g

キャベツパン
材料（9〜10本分）
- A
  - 強力粉 …… 100g
  - 塩 …… 1g
- B
  - 水 …… 60g
  - ゆでてみじん切りにしたキャベツ（水けをよくきる）…… 30g
  - インスタントドライイースト …… 1g

バナナパン
材料（9〜10本分）
- A
  - 強力粉 …… 100g
  - 塩 …… 1g
- B
  - 水 …… 60g
  - あらめのみじん切りにしたバナナ …… 20g
  - インスタントドライイースト …… 1g

きな粉パン
材料（9〜10本分）
- A
  - 強力粉 …… 90g
  - 塩 …… 1g
  - 砂糖 …… 5g
  - きな粉 …… 10g
- B
  - 牛乳 …… 60g
  - 水 …… 5g
  - インスタントドライイースト …… 1g

※「キャベツパン」のキャベツと「バナナパン」のバナナはBの水分にイーストといっしょに加え、Aにまぜる。

PART 3

毎日焼きたてパン
大きく焼く
デカパンバリエーション

この章では、
大きく焼くパンをご紹介します。
食パンやちぎりパン、ピザなど人気のパン、作ってみたかったパンが大集合です。
生地は前日作って、冷蔵庫で発酵なので手間もテクニックも必要なし。
好きなだけ成形してデカパンを作り、
残った生地は、ほかのパンと同様、冷蔵庫で5日保存可能です。
また、大きく焼いておいしく食べて、残ってしまったら冷凍もできます。

※材料の分量は作りやすく、おいしくできる量です。
パンによっては、記載の数を作っても生地が余る場合がありますが、
生地を冷蔵庫で保存できるのが作りおきパンのメリットです。
余った生地でいろいろなパンにチャレンジしてください。

[スライスしてサンドイッチに]

オーブンで
焼きました

牛乳パックの型で、ミニサイズに焼き上げました
ミニ食パン風

材料（こね上がり生地450g・2台分＋残り90g）
● プレーン生地
A ┌ 強力粉 …… 250g
  │ 塩 …… 3g
  └ 砂糖 …… 12g
B ┌ 牛乳 …… 100g
  │ 水 …… 70g
  └ インスタントドライイースト …… 3g

作り方

前日 　**プレーン生地を作る**
（p.8〜9の基本の作り方参照）

一次発酵（p.10参照）

内側に油（分量外）を塗った保存容器に、生地を入れる。野菜室で1晩おいて発酵させる。2〜3日後に焼く場合は冷蔵室へ。

当日 　**分割・成形**

1 台に強力粉（分量外）を振って生地をとり出し、1台分（60g×3個）を、好みの台数分切りとる（残りは丸めて保存容器に戻し、冷蔵庫に入れる）。

2 1個ずつ生地を丸め直す。生地を手前から向こうに折りたたみ、とじ目を上にして縦におく。さらに半分に折りたたんでくっつけ、手で丸く形をととのえる。

3 油（分量外）を薄く塗った牛乳パックの型（下記参照）に入れる。

二次発酵

40度のオーブンに入れ、30分発酵させる。オーブンがない場合は、乾燥しないようにラップをし、室温に30〜60分おく。

焼成（p.11参照）

・オーブントースター → 予熱なし1200Wで15分
・オーブン → 予熱あり180度で25分

※ミニ食パン風は、前日に型に入れて野菜室などで型の8割まで発酵させ、翌朝に焼くことも可能。

成形

手前から向こうに折りたたみ、とじ目を上にして縦におく。さらに半分に折りたたんで、生地をつまんでしっかりとくっつけ、手で丸く形をととのえる。

二次発酵

二次発酵前
型に、丸め直した生地を3個入れる。

二次発酵後
型の8割までふくれたらOK。

牛乳パックで型を作る

牛乳パックを切り開き、24.5×7cmを2枚切りとる。

アルミホイルで牛乳パックを包む。

牛乳パックの折り目を利用して長方形の型に組み立てる。ホチキスで1カ所ずつとめる。

でき上がりは14×5cm、高さ7cmの大きさ。3〜4回はくり返し使える。

ちぎれば一口大のミニミニサイズ、おやつにもぴったり
ちぎりパン

材料（こね上がり生地450g・2台分＋残り90g）
●プレーン生地

A ┌ 強力粉 …… 250g
　├ 塩 …… 3g
　└ 砂糖 …… 12g

B ┌ 牛乳 …… 100g
　├ 水 …… 70g
　└ インスタントドライイースト …… 3g

作り方

前日

プレーン生地を作る
（p.8〜9の基本の作り方参照）

一次発酵（p.10参照）

内側に油（分量外）を塗った保存容器に、生地を入れる。野菜室で1晩おいて発酵させる。2〜3日後に焼く場合は冷蔵室へ。

当日

分割・成形

1. 台に強力粉（分量外）を振って生地をとり出し、1台分（20g×9個）を好みの台数分切りとる（残りは丸めて保存容器に戻し、冷蔵庫に入れる）。

2. 1個ずつ生地を丸め直す。生地を手前から向こうに折りたたみ、とじ目を上にして縦におく。さらに半分に折りたたんでくっつけ、手で丸く形をととのえる。

3. 油（分量外）を薄く塗った牛乳パックの型（下記参照）に入れる。

二次発酵

40度のオーブンに入れて30分発酵させる。オーブンがない場合は、乾燥しないようにラップをし、室温に30〜60分おく。8割までふくれたらOK。

焼成（p.11参照）

- オーブントースター→予熱なし1200Wで15分
- オーブン→予熱あり180度で25分

成形

分割した生地を丸め直す。この丸め直しの回数が同じでないと、ふくらみがばらつく。ふくらみが異ならないよう、丸め直す作業は時間をかけず一気に。

二次発酵

二次発酵
丸め直した生地を型に9個入れる。

二次発酵後
型の8割までふくれたらOK。

牛乳パックで型を作る

牛乳パックを切り開き、24.5×7cmを1枚切りとり、短い辺を半分にして2本にする。

アルミホイルで牛乳パックを包む。牛乳パックの折り目を利用して正方形の型に組み立てる。

ホチキスで1カ所ずつとめる。でき上がりは11.5cm角、高さ3.5cmの大きさ。3〜4回はくり返し使える。

3 デカパンバリエーション

オーブンで
焼きました

オーブンで
焼きました

まわりのパン生地をたてがみに見立てたキャラデコパンです

ライオンのちぎりパン

材料（こね上がり生地450g・2台分＋残り130g）
●甘生地
A ┌ 強力粉 …… 250g
　├ 塩 …… 3g
　└ 砂糖 …… 25g
B ┌ 卵（1個）と牛乳を合わせて …… 160g
　└ インスタントドライイースト …… 3g
バター（食塩不使用）…… 10g
具材（1台分）
チョコレート（ブラック、ホワイト）
　…… 計10かけ

チョコペン …… 1本

成形
生地を手でのばし、チョコをのせて包む。

二次発酵

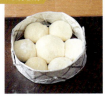
二次発酵前
丸めた生地を型に入れる。

二次発酵後
型の8割までふくれればOK。

作り方

前日

甘生地を作る
（p.8〜9の基本の作り方参照）

一次発酵(p.10参照)

内側に油（分量外）を塗った保存容器に、生地を入れる。野菜室で1晩おいて発酵させる。2〜3日後に焼く場合は冷蔵室へ。

当日

分割・成形

1. 台に強力粉（分量外）を振って生地をとり出し、1台分（20g×6個、40g×1個）を好みの台数分切りとる（残りは丸めて保存容器に戻し、冷蔵庫に入れる）。

2. 20gの生地を手でチョコ1かけが包める大きさにのばし、チョコを包んで口をとじる。

3. 40gの生地ものばして広げ、チョコ4かけを包む。

4. 形をととのえ、油（分量外）を薄く塗った牛乳パックの型（下記参照）に入れる。

二次発酵

40度のオーブンに入れて30分発酵させる。オーブンがない場合は、乾燥しないようにラップをし、室温に30〜60分おく。

焼成(p.11参照)

・オーブントースター → 予熱なし1200Wで15分
・オーブン → 予熱あり180度で25分

仕上げ

チョコペンで顔を描く。

牛乳パックで型を作る

牛乳パックを切り開き、24.5×7cmを1枚切りとり、短い辺を半分にして2本にする。

アルミホイルで牛乳パックを包む。2本をつなぎ合わせて円形の型に組み立てる。

ホチキスで1カ所ずつとめる。でき上がりは直径15.5cmの円形。3〜4回はくり返し使える。

3 デカパンバリエーション

バターといちごジャムの
組み合わせは、
なつかしい味わい

ジャムパン

材料（こね上がり生地450g・3台分）
●プレーン生地
A ┌ 強力粉 …… 250g
  │ 塩 …… 3g
  └ 砂糖 …… 12g
B ┌ 牛乳 …… 100g
  │ 水 …… 70g
  └ インスタントドライイースト
      …… 3g
バター、いちごジャム …… 各適量

作り方

前日 ／ プレーン生地を作る
（p.8〜9の基本の作り方参照）

一次発酵（p.10参照）

内側に油（分量外）を塗った保存容器に、生地を入れる。野菜室で1晩おいて発酵させる。2〜3日後に焼く場合は冷蔵室へ。

当日 ／ **分割・成形**

1 台に強力粉（分量外）を振って生地をとり出し、1台分（50g×3枚）を好みの台数分切りとる（残りは丸めて保存容器に戻し、冷蔵庫に入れる）。1個ずつめん棒で5〜6mm厚さにまるくのばす。

2 オーブンシートを敷いた天板に生地を1枚のせる。ジャムを塗り、バターをのせて生地1枚をかぶせ、これをもう1回くり返す。放射状に6等分に切る。

二次発酵

40度のオーブンに入れて30分発酵させる。オーブンがない場合は、乾燥しないようにラップをし、室温に30〜60分おく。

焼成（p.11参照）
- オーブントースター→予熱なし1200Wで15分
- オーブン→予熱あり180度で20分

オーブンで焼きました

成形1
のばした生地にジャムを塗り、バターをのせ、生地をのせをくり返し、3層にする。手で軽く押さえてくっつける。

成形2
6等分にカットするが、生地は離さない。焼くと再びくっつく。

ふっくら、もっちり。
生地のおいしさを味わうピザ

トマトとモッツァレラのピザ

材料（こね上がり生地450g・5枚分）
●プレーン生地
A ┌ 強力粉 …… 250g
　│ 塩 …… 3g
　└ 砂糖 …… 12g
B ┌ 牛乳 …… 100g
　│ 水 …… 70g
　│ インスタントドライイースト
　└ 　…… 3g

トッピング
トマト、マッシュルーム、ベーコン、モッツァレラチーズ…… 各適量

3 デカパンバリエーション

オーブンで焼きました

作り方

前日 ▶ **プレーン生地を作る**（p.8〜9の基本の作り方参照）

一次発酵
内側に油（分量外）を塗った保存容器に、生地を入れる。野菜室で1晩おいて発酵させる。2〜3日後に焼く場合は冷蔵室へ。

当日 ▶ **分割・成形**（p.10参照）

1. 台に強力粉（分量外）を振って生地をとり出し、90g（1枚分）を好みの枚数分切りとる（残りは丸めて保存容器に戻し、冷蔵庫に入れる）。
2. 手で直径17〜18cmの円形にのばす。
3. フォークを刺して生地全体に穴をあけ、スライスしたトマトとマッシュルーム、ベーコン、チーズをのせる。

焼成（p.11参照）
- オーブントースター → 予熱なし1200Wで15分
- オーブン → 予熱あり180度で15分
- フライパン → 生地を入れてふたをし、弱火で12分
- 魚焼きグリル → 両面・片面焼きともに中火で5分

成形
手で軽く生地を引っぱりながら、のばすのがコツ。

生地にしょうゆを塗り、しらす、細ねぎ、チーズ、のりをのせた和風バージョンもおすすめ。

オーブンで
焼きました

プレーンと全粒粉、
2種類の生地を編み込んだパン
ツオップ

材料（2個分＋残り）
● プレーン生地（こね上がり生地450g分）
A ┌ 強力粉 …… 250g
  │ 塩 …… 3g
  └ 砂糖 …… 12g
B ┌ 牛乳 …… 100g
  │ 水 …… 70g
  └ インスタントドライイースト
      …… 3g

● 全粒粉生地（こね上がり生地450g分）
A ┌ 強力粉 …… 200g
  │ 全粒粉 …… 50g
  │ 塩 …… 3g
  └ 砂糖 …… 5g
B ┌ 水 …… 150g
  └ インスタントドライイースト
      …… 3g
オリーブオイル …… 5g
レーズン、ピーカンナッツ …… 各適量

※上記の材料でツオップ2個を作ると、プレーン生地が多めに残ります。残った生地はほかのパンを作るのに利用してください。

作り方

前日
> プレーン生地を作る
> （p.8〜9の基本の作り方参照）

> 全粒粉生地を作る
> （p.8〜9の基本の作り方参照）

一次発酵（p.10参照）
内側に油（分量外）を塗った保存容器に、生地を入れる。野菜室で1晩おいて発酵させる。2〜3日後に焼く場合は冷蔵室へ。

当日
分割・成形

1. 台に強力粉（分量外）を振ってプレーン生地をとり出し、80gを1個か2個切りとる（残りは丸めて保存容器に戻し、冷蔵庫に入れる）。
2. 全粒粉生地をとり出し、80gをプレーン生地の倍の個数切りとる（残りは丸めて保存容器に戻し、冷蔵庫に入れる）。
3. 1、2の生地をそれぞれめん棒で細長い形にのばす。
4. プレーン生地をおき、レーズン、ピーカンナッツをのせて全粒粉生地をかぶせる。さらにレーズン、ピーカンナッツをのせ、全粒粉生地をかぶせる。
5. 一方の端は切り離さないように3等分に切って、三つ編みにする。

二次発酵
40度のオーブンに入れ、30分発酵させる。オーブンがない場合は、乾燥しないようにラップをし、室温に30〜60分おく。

焼成（p.11参照）
- オーブントースター → 予熱なし1200Wで15分
- オーブン → 予熱あり180度で25分

3 デカパンバリエーション

成形1
プレーン生地にレーズン、ピーカンナッツをのせ、全粒粉生地をかぶせる。これをくり返し、3層にする。

成形2
一方の端を切り離さず、3等分にする。

成形3
三つ編みにし、巻き終わりは生地に巻き込んでしっかりとめる。

二次発酵
ふっくら発酵したらオーブンで焼く。

オリーブオイルを
たっぷりかけて、
香ばしく焼き上げる

フォカッチャ

材料（こね上がり生地450g・3枚分）
●プレーン生地
A ┌ 強力粉 …… 250g
　├ 塩 …… 3g
　└ 砂糖 …… 12g
B ┌ 牛乳 …… 100g
　├ 水 …… 70g
　└ インスタントドライイースト
　　　…… 3g
オリーブオイル、岩塩 …… 各適量

作り方

前日

プレーン生地を作る
（p.8～9の基本の作り方参照）

一次発酵（p.10参照）
内側に油（分量外）を塗った保存容器に、生地を入れる。野菜室で1晩おいて発酵させる。2～3日後に焼く場合は冷蔵室へ。

当日

分割・成形1
台に強力粉（分量外）を振って生地をとり出し、150g（1枚分）を好みの個数切りとる（残りは丸めて保存容器に戻し、冷蔵庫に入れる）。めん棒で15cm幅にのばす。

二次発酵
40度のオーブンに入れ、30分発酵させる。オーブンがない場合は、乾燥しないようにラップをし、室温に30～60分おく。

成形2
オリーブオイルをかけて指でくぼみをつけ、岩塩を振る。

焼成（p.11参照）
- オーブントースター → 予熱なし1200Wで15分
- オーブン → 予熱あり200度で15分
- フライパン → 生地を入れてふたをし、弱火で7分、返してさらに7分
- 魚焼きグリル → 両面焼きは中火で5分、片面焼きはアルミホイルをかぶせてさらに3分

成形2

二次発酵した生地にオリーブオイルをかけ、指で押してくぼみをつける。

オーブントースターで焼きました

甘みがあってふわふわ。
サンドイッチにもおすすめ

ミルクハース風

材料（こね上がり生地450g・2個分＋残り90ｇ）
●甘生地
A ┌ 強力粉 …… 250g
  │ 塩 …… 3g
  └ 砂糖 …… 25g
B ┌ 卵（1個）と牛乳を合わせて …… 160g
  └ インスタントドライイースト …… 3g
バター（食塩不使用）…… 10g

3 デカパンバリエーション

作り方

前日

甘生地を作る
（p.8〜9の基本の作り方参照）

一次発酵(p.10参照)

内側に油（分量外）を塗った保存容器に、生地を入れる。野菜室で1晩おいて発酵させる。2〜3日後に焼く場合は冷蔵室へ。

当日

分割・成形1

1. 台に強力粉（分量外）を振って生地をとり出し、180ｇ（1個分）を好みの個数切りとる（残りは丸めて保存容器に戻し、冷蔵庫に入れる）。
2. めん棒で19〜20cm幅の楕円形にのばす。上下¼ずつ折り込み、さらに半分に折ってくっつける。

二次発酵

40度のオーブンに入れ、30分発酵させる。オーブンがない場合は、乾燥しないようにラップをし、室温に30〜60分おく。

成形2

縦に5本、ナイフで切り目を入れる。

焼成(p.11参照)

- オーブントースター → 予熱なし1200Wで15分
- オーブン → 予熱あり180度で25分
- フライパン → ×
- 魚焼きグリル → ×

オーブンで焼きました

成形1
楕円形にのばした生地の上下から¼ずつ折り込む。さらに半分に折る。

成形2
中央に1本切り目を入れる。両側に均等に2本ずつ、全部で5本入れる。

この本で使う、パンの主な道具

ボウル・大
この本では、ボウルの中で材料をまぜ、こねるので、口径30cmくらいの大きめのものが使いやすい。ステンレスが軽くて丈夫。

ボウル・小
イーストをとかすのに使用。口径10cmほどの小さめのものでOK。ステンレスが軽くて丈夫。

キッチンスケール
計量をするのに使用。デジタル式のものが正確で扱いやすい。1g刻みのものでOK。

ゴムべら
材料をまぜるのに使用。ゴムべらでまぜたほうが手が汚れなくてやりやすいのでぜひ用意したい。

カード、スケッパー
パン生地を分割したり、分割した生地を移動したりなど用途は広い。スーパーやホームセンターなどの製菓道具コーナーで購入可能（p.10参照）。

めん棒
生地をのばすのに使用。材質は好みのものでOK。スーパーやホームセンターなどの製菓道具コーナーで購入可能。

ピザカッター
のばした生地をカットするのに使用。ホームセンターや100円均一ショップのキッチンコーナーで購入可能。

オーブンシート
天板に敷いてパンのくっつき防止に使用。使い捨てのクッキングシートでもよいが、オーブンシートは洗って何度でも使用可能。

軍手
焼き上がりに、天板やパンをとり出すときに使用。軍手は必ず二重にして使うこと。ミトンよりも作業性が高くておすすめ。

網
焼き上がったパンを冷ますときに使用。製菓用がなければ、もち網などで代用可能。

保存容器・大
作りおくための容器。成形したパン生地を並べて保存する場合は、浅くても大きさがあるほうが使いやすい。

保存容器・深型
作りおくための容器。容器の中で発酵させて保存する場合は、生地の発酵をじゃましない、深型の容器がよい。

粉振り容器
生地を分割・成形するときや打ち粉をするときにあると便利。

パン切りナイフ
パンを切り分ける際に使用。写真は焼きたてパンでも、つぶれずにきれいに切れるおすすめナイフ。
ブレッディ焼きたてパン切り／貝印

PART 4

作りおき生地で
おやつもおまかせ

この章では、
スコーン、パンケーキ、ドーナツの
基本の作り方とバリエーションをご紹介します。
イーストを使ったスペシャルバージョンのレシピなので、
ふわふわ、もちもち、やわらかい、いつもとひと味違ったおいしさが味わえます。
どれも生地の状態で5日〜1週間ほど、冷蔵庫で保存可能！
子どものおやつ作りでお悩みのママにも納得の簡単さとおいしさです。

オーブンで焼きました

キューブ状に焼き上げた
バター風味のベーシックなスコーン
プレーンスコーン

材料（こね上がり生地450g・3cm角15個分）
●プレーンスコーン生地

A ┌ 強力粉 …… 200g
　├ 塩 …… ひとつまみ
　└ 砂糖 …… 20g
バター（食塩不使用）…… 40g
B ┌ 卵（1個）と牛乳を合わせて …… 90g
　└ インスタントドライイースト …… 2g

作り方

前日 　プレーンスコーン生地を作る

1. 大きいボウルに**A**を入れてまぜる。
2. バターを加え、手ですり合わせるようにしてつぶし、粉とまぜる。ポロポロになったらOK。
3. 小さいボウルに**B**の卵と牛乳を入れ、イーストを振り入れる。
4. **2**に**3**を一気に加え、カードでざっくりとまぜる。生地がひとつにまとまってきたら、生地を下からすくって上に重ねるを7～8回くり返して、生地をまぜる。

発酵

5. ポリ袋に生地を入れ、四角く形をととのえて冷蔵庫で1晩以上おいて発酵させる。

当日 　分割・成形

6. オーブンシートの上に生地をとり出し、めん棒で2cm厚さにのばし、3cm角に切る。天板にオーブンシートを敷き、1cmほど離して並べる。

焼成（p.11参照）

- オーブントースター → 予熱なし1200Wで20分
- オーブン → 予熱あり180度で30分

※ふんわりした焼き上がりが好みなら、焼成後すぐに網に出して冷ます。
※かりっとかたい焼き上がりが好みなら、オーブンの中で冷ます。

生地を作る
ボウルに粉類を合わせる。カードで均一になる程度にざっとまぜる。

粉の中でバターを刻み、こまかくなったら両手ですりつぶしながら、粉と合わせる。

イーストをとかした**B**を一気に加え、ざっとひとつにまとめる。

カードで、底の生地をすくって上に重ねる、をくり返すことで全体をまぜ合わせる。ぐるぐるまぜたり、こねたりするとグルテンが出て、粘りが出るので注意。

発酵
ポリ袋に入れて冷蔵庫へ。生地の状態は発酵してもほとんど変わらない。

スコーン生地の冷蔵作りおきについて

朝食やお茶の時間にぴったりのスコーン生地は、冷蔵庫で10日保存可能。冷蔵庫に常備しておき、来客時などに、オーブンやオーブントースターで焼きたてをどうぞ。

スコーン生地は冷凍も可能！

スコーンの生地は冷凍もOK。室温にもどし、成形して焼くのはもちろん、成形後の冷凍も可能。焼くときは室温に戻して焼くが、時間がないときは電子レンジで20秒ほど加熱して焼くとよい。

作りおき生地でおやつもおまかせ

オーブンで焼きました

このスコーンは先に生地を成形し、冷蔵で発酵させて作ります

くるみメープルスコーン

材料（約8個分）
A ┌ 全粒粉 …… 50g
　├ 強力粉 …… 150g
　├ 塩 …… ひとつまみ
　└ 砂糖 …… 20g
米油 …… 30g
B ┌ 卵（1個）と牛乳を合わせて …… 80g
　└ インスタントドライイースト …… 2g
くるみ（刻む）…… 60g
[アイシング]
メープルシロップ …… 20g（乾燥ぐあいにより調整）
粉砂糖 …… 50g

仕上げ

粉砂糖にメープルシロップをまぜてアイシングを作る。焼いたスコーンの上半分をつける。

作り方

前日

スコーン生地を作る
（p.78〜79プレーン生地の作り方参照）

バターのかわりに米油を加え、すり合わせるようにして粉にまぜ込む。くるみは作り方**4**で生地がまとまったら加える。

分割・成形

生地を40g（1個分）を好みの個数切りとり、直径4cmに丸める。

発酵

ポリ袋または保存容器に入れ、冷蔵庫で1晩以上おいて発酵させる。

当日

焼成（p.11参照）

- オーブントースター → 予熱なし1200Wで20分
- オーブン → 予熱あり180度で30分

仕上げ

粉砂糖にメープルシロップをまぜてアイシングを作る。スコーンのあら熱がとれたら、表面をつける。

オーブンで焼きました

4 作りおき生地でおやつもおまかせ

サワークリーム風味がうれしい、甘くないスコーン

パセリのスコーン

材料（3cm角15個分）
A ┌ 強力粉 …… 100g
　├ 薄力粉 …… 100g
　├ 塩 …… ひとつまみ
　├ 砂糖 …… 10g
　└ ドライパセリ …… 5g
オリーブオイル …… 25g
B ┌ 牛乳 …… 60g
　├ サワークリーム …… 50g
　└ インスタントドライイースト …… 2g

作り方

前日 **スコーン生地を作る**（p.78〜79プレーン生地の作り方参照）

バターのかわりにオリーブオイルを加え、すり合わせるようにして粉にまぜ込む。

発酵

ポリ袋に生地を入れ、四角く形をととのえて冷蔵庫で1晩以上おいて発酵させる。

当日 **分割・成形**

オーブンシートの上に生地をとり出し、めん棒で2cm厚さにのばし、3cm角に切る。天板にオーブンシートを敷き、1cmほど離して並べる。

焼成（p.11参照）

・オーブントースター → 予熱なし1200Wで20分
・オーブン → 予熱あり180度で30分

生地を作る
ボウルに粉類を全部入れ、ドライパセリを加えてまぜる。

粒あん、こしあん、
好みのあんを使っても

あんこの
スコーン

材料（3cm角15個分）
- **A** ┌ 強力粉 …… 100g
      │ 薄力粉 …… 100g
      └ 塩…ひとつまみ
- バター …… 40g
- **B** ┌ 卵（1個）と牛乳を合わせて …… 90g
      └ インスタントドライイースト …… 2g
- 粒あん …… 100g

作り方

前日

スコーン生地を作る
（p.78〜79プレーン生地の作り方参照）

あんは作り方**4**で生地がある程度まとまったら加える。

発酵

ポリ袋に生地を入れ、四角く形をととのえて冷蔵庫で1晩以上おいて発酵させる。

当日

分割・成形

オーブンシートの上に生地をとり出し、めん棒で2cm厚さにのばし、3cm角に切る。天板にオーブンシートを敷き、1cmほど離して並べる。

焼成（p.11参照）

- オーブントースター → 予熱なし1200Wで20分
- オーブン → 予熱あり180度で30分

オーブンで
焼きました

生地を作る

生地の上にあんをのせ、カードで半分に切ってすくい、残りの上にのせて押す。この作業を何度かくり返すと、あんが生地に均等にまざる。

抹茶のほろ苦さと、
チョコの甘さがいい！
抹茶とホワイトチョコのスコーン

4 作りおき生地でおやつもおまかせ

材料（3cm角15個分）
- A
  - 強力粉 …… 100g
  - 薄力粉 …… 100g
  - 抹茶 …… 5g
  - 塩 …… ひとつまみ
  - 砂糖 …… 20g
- バター …… 40g
- B
  - 牛乳 …… 90g
  - インスタントドライイースト …… 2g
- ホワイトチョコレート …… 40g

生地を作る
抹茶は粉類をまぜるときに加える。

作り方

前日　スコーン生地を作る
（p.78〜79プレーン生地の作り方参照）

チョコは作り方**4**で生地がある程度まとまったら加える。生地の上にチョコをのせ、カードで半分に切ってすくい、残りの上にのせて押す。この作業を何度かくり返すと、チョコが生地に均等にまざる。

発酵

ポリ袋に生地を入れ、四角く形をととのえて冷蔵庫で1晩以上おいて発酵させる。

当日　分割・成形

オーブンシートの上に生地を出し、めん棒で2cm厚さにのばし、3cm角に切る。天板にオーブンシートを敷き、1cmほど離して並べる。

焼成（p.11参照）

- オーブントースター → 予熱なし1200Wで20分
- オーブン → 予熱あり180度で30分

オーブンで焼きました

フライパンで
焼きました

生地は冷蔵庫で3日保存が可能です
プレーンパンケーキ

材料（直径12cm×3枚分）
A ┌ 強力粉……100g
　├ 塩……ひとつまみ
　└ 砂糖……10g
B ┌ 卵（1個）と牛乳を合わせて ……120g
　└ インスタントドライイースト……2g
とかしバター……大さじ1
［トッピング］
バター、メープルシロップ……各適量

作り方

前日

▸ プレーンパンケーキ生地を作る

1　深さのある保存容器にAを入れてまぜる。
2　Bの卵と牛乳を合わせ、イーストを振り入れる。
3　1に2を加え、スプーンでまぜる。
4　とかしバターを加えてまぜる。

▸ 発酵

5　ふたをして冷蔵庫で1晩以上おいて発酵させる。

当日

▸ 焼成

6　フライパンを中火で熱してバター（分量外）をとかし、生地をすくい入れて焼く。表面がぷつぷつしてきたら返し、こんがりと焼く。

▸ 仕上げ

器に盛り、バターをのせてメープルシロップをかける。

生地を作る
深さのある保存容器にAの粉類を入れ、スプーンでまぜ合わせる。

Bの卵と牛乳を合わせ、イーストを振り入れる。イーストが沈んだら、粉に一気に加えて、スプーンでまぜる。

とかしバターを加えてまぜる。ていねいにまぜすぎない。ポテポテとした生地の状態でOK。

発酵
ふたをして冷蔵庫に入れる。生地は3日保存可能。

焼成
中火で熱したフッ素樹脂加工のフライパンにバター（分量外）を入れ、生地をすくい入れて焼く。表面にぷつぷつと穴があいたら、返して焼く。

4　作りおき生地でおやつもおまかせ

> **パンケーキ生地の冷蔵作りおきについて**
> パンケーキ生地は、冷蔵庫で3日保存が可能。焼くときは、生地が分離している場合があるので底からまぜ、フライパンに適量流して焼く。

フライパンで焼きました

厚めに焼いて、生クリームの入った
リッチなソースをかける

マカデミアナッツのパンケーキ

材料（直径10cm×3枚分）
A ┌ 強力粉 …… 100g
　└ 塩 …… ひとつまみ
B ┌ 卵（1個）と牛乳を合わせて …… 100g
　└ インスタントドライイースト …… 2g
ココナッツオイル…10g

[ソース]
┌ 生クリーム …… 80g
│ グラニュー糖 …… 25g
│ バター …… 40g
│ 強力粉 …… 20g
│ はちみつ …… 15g
└ 牛乳 …… 100g
マカデミアナッツ …… 適量

ソースを作る
なべにバターをとかして強力粉をいためる。はちみつ、牛乳を加え、とろみをつける。泡立てた生クリームに加えまぜる。冷蔵庫で冷やす。

作り方

前日 | **生地を作る**（p.84〜85プレーンパンケーキ生地の作り方参照）

作り方**4**で、とかしバターのかわりに、ココナッツオイルを加えてまぜる。

発酵

ふたをして冷蔵庫で1晩以上おいて発酵させる。生地は3日保存可能。

当日 | **焼成**

フライパンを中火で熱してココナッツオイル（分量外）を入れ、生地をすくい入れて焼く。表面がぶつぶつとしてきたら返して焼く。

仕上げ

1. ソースを作る。生クリームにグラニュー糖を加えて泡立てる。なべにバターをとかして強力粉をいためる。はちみつ、牛乳を加えてまぜ、とろみがついたら火を止める。泡立てた生クリームに加えまぜ、冷蔵庫で冷やす。

2. 器にパンケーキを盛り、ソースをかけて刻んだマカデミアナッツをのせる。

4 作りおき生地でおやつもおまかせ

フライパンで焼きました

バナナは生地を
焼く直前で加えるのがポイント

バナナと豆乳のパンケーキ

材料（直径10cm×4枚分）
A ┌ 全粒粉 …… 60g
　├ 強力粉 …… 60g
　└ 塩 …… ひとつまみ
B ┌ 卵（1個）と豆乳を合わせて …… 150g
　└ インスタントドライイースト …… 3g
とかしバター …… 大さじ1
バナナ …… 1本
［トッピング］
バナナ、チョコレートソース（市販）…… 各適量

作り方

前日　生地を作る
（p.84〜85プレーンパンケーキ生地の作り方参照）

発酵
ふたをして冷蔵庫で1晩以上おいて発酵させる。生地は3日保存可能。

当日　焼成

1　バナナはフォークでつぶし、焼くときに生地に加える。

2　フライパンを中火で熱してバター（分量外）をとかし、生地をすくい入れて焼く。表面がぷつぷつとしてきたら返して焼く。

仕上げ
器に盛り、スライスしたバナナ、チョコレートソースをかける。

生地を作る
バナナはフォークの背でつぶしたものを使う。焼く直前に加えたほうが、バナナの色が悪くならず、香りもフレッシュ！

ふたをして弱火で15分。
しっとり、やわらかく焼き上げて

厚焼きふわふわパンケーキ

材料（直径7cm×3枚分）
A ┌ 強力粉 …… 100g
　├ 塩 …… ひとつまみ
　└ 砂糖 …… 20g
B ┌ 牛乳 …… 120g
　├ 卵 … 1個
　└ インスタントドライイースト …… 2g
とかしバター …… 10g
［トッピング］
粉砂糖、メープルシロップ …… 各適量

作り方

前日 / **生地を作る**
（p.84～85プレーンパンケーキ生地の作り方参照）

発酵
ふたをして冷蔵庫で1晩以上おいて発酵させる。生地は3日保存可能。

当日 / **焼成**
フライパンを弱火で熱してバター（分量外）をとかし、牛乳パックで作ったセルクル（直径7～8cm）をおいて生地を流し、ふたをして焼く。

仕上げ
器に盛り、粉砂糖を振って、メープルシロップをかける。

フライパンで焼きました

焼成 1
牛乳パックで作ったセルクルに生地を流し込む。

焼成 2
厚みがある生地なので、ふたをして弱火で15分じっくり焼くと、ふわふわのパンケーキに。

牛乳パックで作るセルクル

牛乳パックを切り開き、1枚を切りとる。アルミホイルで包み、直径7～8cmの円形になるようホチキスでとめれば完成（p.69参照）。

米粉はお米を粉にしたもの。グルテンがないため、ぐるぐるとまぜても粘りが出ないのがメリット。

フライパンで焼きました

4 作りおき生地でおやつもおまかせ

米粉ならではのもちもち食感と、やさしい味わい

米粉の
パンケーキ

材料（直径12cm×4枚分）
- **A** ┌ 米粉 …… 100g
  │ 塩 …… ひとつまみ
  └ 砂糖 …… 20g
- **B** ┌ 卵（1個）と牛乳を合わせて
  │   …… 120g
  └ インスタントドライイースト
        …… 2g
- とかしバター …… 大さじ1
- いちごジャム …… 適量

作り方

前日 ▶ **生地を作る**
（p.84〜85プレーンパンケーキ生地の作り方参照）

発酵

ふたをして冷蔵庫で1晩以上おいて発酵させる。生地は3日保存可能。

当日 ▶ **焼成**

フライパンを中火で熱してバター（分量外）をとかし、生地をすくい入れて焼く。表面がぷつぷつとしてきたら返して焼く。

仕上げ

器に盛り、いちごジャムを添える。

甘生地で作ったスタンダードなドーナツ。
チョコやチョコレートスプレッドで、好みのアレンジを

ドーナツ

材料（こね上がり生地450g・10個分）
● 甘生地
A ┌ 強力粉 …… 250g
　├ 塩 …… 3g
　└ 砂糖 …… 25g
B ┌ 卵（1個）と牛乳を合わせて …… 160g
　└ インスタントドライイースト …… 3g
バター …… 20g
揚げ油 …… 適量
チョコレート、チョコレートスプレッド …… 各適量

作り方

前日 　**甘生地を作る**
（p.8～9の基本の作り方参照）

発酵（p.10参照）

当日　**分割・成形**

台に強力粉（分量外）を振って生地をとり出し、45g（1個分）を好みの個数切りとる（残りは丸めて保存容器に戻し、冷蔵庫に入れる）。生地を丸め直し、まん中に指で穴をあける。反対からも指を入れ、くるくると回転させながら穴を広げる。

揚げる

揚げ油を180度に熱し、片面1～2分ずつ揚げる。

仕上げ

冷めたら、好みでとかしたチョコをかけたり、チョコスプレッドを散らしたりして、自由に飾りつけをする。

成形1

分割した生地を丸め直す。まず、生地を手前から向こうに折りたたむ。

とじ目を上にして縦におき、さらに半分に折りたたんで、端はつまんでくっつける。

手で丸く形をととのえる。

成形2

生地の中央に指をさして、穴をあける。

反対からも指を入れ、両指をくるくると回転させることで、生地の穴が大きくなっていく。

ドーナツの生地の作りおき
生地の状態で3～5日、冷蔵保存可能。毎日丸め直す。

油で揚げました

ふんわり、しっとり、やさしい甘さ
ココアドーナツ

材料（こね上がり生地450g・10個分）
●甘生地
A ┌ 強力粉 …… 250g
  │ 塩 …… 3g
  │ 砂糖 …… 25g
  └ ココアパウダー …… 5g
B ┌ 卵（1個）と牛乳を合わせて …… 160g
  └ インスタントドライイースト …… 3g
バター …… 20g
揚げ油 …… 適量

作り方

前日
▶ **甘生地を作る**（p.8～9の基本の作り方参照）

ココアは**A**の粉類に加えてよくまぜる。

▶ **発酵**（p.10参照）

当日
▶ **分割・成形**

台に強力粉（分量外）を振って生地をとり出し、45g（1個分）を好みの個数切りとる（残りは丸めて保存容器に戻し、冷蔵庫に入れる）。生地を丸め直し、まん中に指で穴をあける。反対からも指を入れ、くるくると回転させながら穴を広げる。

▶ **揚げる**

揚げ油を180度に熱して揚げる。片面1～2分ずつ揚げ、しっかり火を通す。

成形
生地の中央に指で穴をあけ、わっか状に口を広げていく。

油で揚げました

4 作りおき生地でおやつもおまかせ

冷めてもふわふわ。おやつに最適
あんドーナツ

材料（こね上がり生地450g・15個分）
● 甘生地アレンジ
A ┌ 強力粉 …… 250g
  │ 塩 …… 3g
  └ 砂糖 …… 12g
B ┌ 牛乳 …… 100g
  │ 水 …… 70g
  └ インスタントドライイースト …… 3g
バター …… 20g
こしあん …… 450g（30g×15個）
※あんは水分をとっておく（p.44参照）
揚げ油、グラニュー糖 …… 各適量

作り方

前日
甘生地を作る（p.8〜9の基本の作り方参照）

発酵（p.10参照）

当日
分割・成形

台に強力粉（分量外）を振って生地をとり出し、30g（1個分）を好みの個数切りとる（残りは丸めて保存容器に戻し、冷蔵庫に入れる）。手で生地をのばし、あんを包み、端と端をつまんで口をとじる。

揚げる

揚げ油を175度に熱し、4〜5分じっくり揚げる。生揚げにならないように確認する。油をきり、グラニュー糖をまぶす。

成形
生地を手でのばし、丸くしたあんを包む。端と端をつまんで口をしっかりとじる。

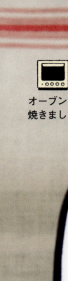
オーブンで
焼きました

コロコロの一口サイズ。
きな粉の衣か粉砂糖の衣をからめる

焼きドーナツ

材料（こね上がり生地450g・1㎝角約30個分）
●甘生地アレンジ
A ┌ 強力粉 …… 250g
　├ 塩 …… 3g
　└ 砂糖 …… 25g
B ┌ 牛乳 …… 100g
　├ 水 …… 70g
　└ インスタントドライイースト …… 3g
バター …… 20g
きな粉、粉砂糖、バター …… 各適量

作り方

前日 甘生地を作る（p.8〜9の基本の作り方参照）

発酵（p.10参照）

当日 分割・成形

台に強力粉（分量外）を振って生地をとり出し、1㎝ほどの大きさを好みの個数切りとる（残りは丸めて保存容器に戻し、冷蔵庫に入れる）。

焼成（p.11参照）

- オーブントースター → 予熱なし1200Wで15分
- オーブン → 予熱あり180度で15分
- フライパン → 生地を入れてふたをし、強火で20秒あたため、火を消して15分おく（二次発酵）。弱火で5分、返してさらに5分。
- 魚焼きグリル → 両面・片面焼きともに中火で4分、片面焼きはアルミホイルをかぶせてさらに2分。

仕上げ

バターと粉砂糖、バターときな粉をそれぞれまぶす。

成形

バラバラの形でも、焼くとコロコロと丸く仕上がる。

仕上げ

バターと粉砂糖、バターときな粉を別々の袋に入れて焼いた生地をまぶす。

おわりに

朝、キッチンから焼きたてパンの香りがする暮らし、
実は、そんなにむずかしくありません。

ただまぜるだけの前日の簡単な準備だけで、
次の日の朝はきっと、起きるのが楽しみになりますよ。

スーパーで手軽にそろう材料と、おうちにある道具で、だれでも手軽に。
焼きたては最高のぜいたく。
おうちパンがたくさんのかたに広がっていきますように。

吉永麻衣子

著者
吉永麻衣子（よしながまいこ）

兵庫県宝塚市出身。聖心女子大学卒業後、一般企業に入社。法人営業や新規事業の立ち上げを経験。結婚を機に退職。カフェのキッチンや専門学校講師、日本ヴォーグ社ハッピークッキングの立ち上げスタッフ・講師を経験し、2009年7月自宅にてcooking studio minnaをスタート。ママに優しいレシピと子連れOKのスタイルが人気。雑誌へのレシピ提供や、企業とのレシピ開発、webでの執筆活動、各地での講習会など幅広く活動。著書に『おいしい かわいい ちいさいパン』（マリン企画）、『簡単もちもちスティックパン』『簡単もちふわデカパン』（ともに新潮社）がある。
日本全国・世界で活動する「おうちパンマスター」はスタート3カ月で120名になり、どんどん広がっている。

ママ向け「パンの講習会&イベント」で、手軽に焼ける「おうちパン」が大好評！（写真提供著者）

STAFF

装丁・本文デザイン	細山田光宣、奥山志乃（細山田デザイン事務所）
表紙・本文イラスト	山口正児
撮影	松木潤（主婦の友社写真課）
取材・まとめ	杉岾伸香、水野恵美子
スタイリング	二野宮友紀子
編集担当	近藤祥子（主婦の友社）

SPECIAL THANKS

パン講師の集まるサークルhug
濱本茜さん、圓城寺章子さん、今祐美子さん・彩音ちゃん、
青木りさん、花岡千恵さん、薮内真紀さん、伊東淑江さん、松山富美子さん
吉田広子さん、鈴木涼子さん、出井明子さん、鈴木都子さん、西田望さん、
須貝恵里さん、太田美紀さん、宇木みずほさん、佐藤綾香さん、千種晃子さん、
藤沢真美さん、秋山朋子さん、伊瀬はるなさん

撮影材料協力	cotta　http://www.cotta.jp/
スタイリング協力	皿　池上亜由美さん、軍手刺繍　北明子さん、 ボード　MAYUMI HAND WORKS 河野真弓さん、 エプロン　sunny side up 勝俣訓子さん
イベント写真協力	Chikako Namiki さん

冷蔵庫で作りおきパン いつでも焼きたて

著者　吉永麻衣子（よしながまいこ）
発行者　矢﨑謙三
発行所　株式会社主婦の友社
　　　　〒101-8911
　　　　東京都千代田区神田駿河台2-9
　　　　電話03-5280-7537（編集）
　　　　　　03-5280-7551（販売）
印刷所　大日本印刷株式会社

©Maiko Yoshinaga 2016 Printed in Japan
ISBN978-4-07-419532-9

Ⓡ〈日本複製権センター委託出版物〉
本書を無断で複写複製（電子化を含む）することは、著作権法上の例外を除き、禁じられています。本書をコピーされる場合は、事前に公益社団法人日本複製権センター（JRRC）の許諾を受けてください。
また本書を代行業者等の第三者に依頼してスキャンやデジタル化することは、たとえ個人や家庭内での利用であっても一切認められておりません。
JRRC 〈http://www.jrrc.or.jp　eメール：jrrc_info@jrrc.or.jp　電話：03-3401-2382〉

■本書の内容に関するお問い合わせ、また、印刷・製本など製造上の不良がございましたら、主婦の友社（電話03-5280-7537）にご連絡ください。
■主婦の友社が発行する書籍・ムックのご注文は、お近くの書店か主婦の友社コールセンター（電話0120-916-892）まで。
＊お問い合わせ受付時間　月〜金（祝日を除く）　9:30〜17:30
主婦の友ホームページ　http://www.shufunotomo.co.jp/

て-082012